Lesehefte für den Literaturunterricht

In neuer Folge herausgegeben von
Klaus-Ulrich Pech und Rainer Siegle

Helene Kynast

Siebter Himmel – freier Fall

mit Materialien
zusammengestellt von
Susanne Becker

Ernst Klett Schulbuchverlag Leipzig
Leipzig Stuttgart Düsseldorf

Die Originalausgabe, erschienen im K. Thienemanns Verlag, ist im Buchhandel erhältlich.

1. Auflage A 1 5 4 3 2 | 2007 2006 2005 2004 2003

Alle Drucke dieser Auflage können im Unterricht nebeneinander benutzt werden, sie sind untereinander unverändert. Die letzte Zahl bezeichnet das Jahr dieses Druckes.
Der Textabdruck von Helene Kynast: Siebter Himmel – freier Fall erfolgt mit freundlicher Genehmigung des K. Thienemanns Verlags, Stuttgart – Wien.

Internetadresse: http://www.klett-verlag.de
Umschlag: Christa Janik, Leinfelden-Echterdingen.
Gesamtherstellung: kaltnermedia GmbH, Bobingen
ISBN 3-12-262370-6

Inhalt

Helene Kynast:
Siebter Himmel – freier Fall 5

Materialien

1 **Anmerkungen zu Personen, Zitaten und Anspielungen** 128

2 **Thema Aids: „Übers Händeschütteln kriegt man´s nicht“** 135
2.1 Was ist das – Aids? 135
2.2 Wer ist besonders gefährdet? Statistiken 137
2.3 Was passiert nach einer Infektion mit HIV? . 138

3 **Thema Drogen: „Auf E sein“** 140
3.1 Keine Macht den Drogen! 140
3.2 Ende der Party 140

4 **Thema Gefühle: Liebe, Angst, Trauer, Schmerz** 146
4.1 Wenn der HIV-Test positiv ist ... was tun? .. 146
4.2 „Shandy oder das Leben?“ Ein Brief nach Amerika 147
4.3 Briefe an einen toten Freund 147

5 **Erzähltechnik** 154
5.1 Menschen in Wolfs Leben 154
5.2 Erzählebenen 155

6 **Über die Autorin** 157

7 **Internet-Tipps und Literaturhinweise** 158

Text- und Bildquellenverzeichnis 160

„Nein!“ Nein, das passiert nicht ihm, nicht Wolf Steinbach! Da läuft nur ein Horrorfilm ab! Kein Film! Er hält den Brief ja in der Hand.
„Wollen Sie das Parallelenaxiom des Euklid etwa anzweifeln, Wolf?“ Schacht, Studienrat am Kant-Gymnasium, Spitzname Schachmatt, kommt den Gang runter. Wolf schiebt den Brief schnell ins Matheheft. Schacht bleibt vor seinem Tisch stehen und sieht ihn erstaunt an. Wolf versucht Schachts Blick standzuhalten. Geht nicht. Seine Mundwinkel zucken. Er beißt sich auf die Unterlippe. So kann er sich einen Augenblick lang noch beherrschen.
„Irgendwas nicht in Ordnung?“ Schacht zieht die Augenbrauen hoch.
Was nicht in Ordnung? Alles dreht sich! Der Raum kippt!
Schacht wartet. Er mag den Schüler Steinbach. Nicht zuletzt, weil er in seinen Fächern gut ist. Mathe glatt Zwei. Und in Sport ist er der Beste. Ein prima Langstreckenläufer mit Aussicht auf Karriere. Auf Steinbach kann man sich verlassen. Was ist heute mit ihm los?
„Mir ist ... mir ist schlecht. Ich muss an die Luft.“ Wolf spürt den Brechreiz, gleich muss er würgen, Stirn und Handflächen sind feucht.
„Na schön, gehen Sie, Sie sind wirklich ein bisschen blass um die Nase. In einer Stunde ist ohnehin Wochenende für unsere Anstalt. Und sehen Sie zu, dass Sie bis zu den Klausuren wieder fit sind.“ Schacht räuspert sich, dreht sich auf dem Absatz um und wandert langsam den Gang hoch.
Wolf steckt das Heft in seine Mappe und geht. Als er auf Schachts Höhe ist, zögert er eine Sekunde.
„Kommen Sie in meine Sprechstunde, wenn sonst noch was anliegt“, sagt Schacht wie beiläufig. In einer Woche fangen die Abiturklausuren an. Vielleicht seine Nerven? Angst vor dem Versagen? Steinbach hat doch noch nie schlappgemacht. Und seine Vornoten sind gut.

Mit einem Satz ist Wolf jetzt bei der Tür und draußen. Er läuft den langen Flur entlang zu den WCs, hängt über dem Klobecken und würgt. Seine Knie zittern. Das T-Shirt klebt ihm auf der Haut. Er muss sich beruhigen, es ist nur die Panik, er muss tief Luft holen. Einatmen, ausatmen. Doch er kann den Brechreiz nicht unterdrücken. Er muss raus hier.

Im Waschraum öffnet er den Hahn und lässt das kalte Wasser über sein Gesicht laufen. Dann trinkt er aus der hohlen Hand einen Schluck. Das hilft. Er muss nicht mehr würgen. Einen Moment lehnt er sich gegen die Wand, dann nimmt er seine Tasche und geht raus, den Gang bis zur Treppe, die Stufen runter, durch das Portal.

Wohin?

Laufen! Einfach laufen! Bis er aus diesem Alptraum aufwacht.

Kein Alptraum. Der Brief! Er muss nach Hause. Er muss was *tun.* Etwas *dagegen* tun. Dagegen gibt es keine Pillen, dagegen ist kein Kraut gewachsen, dröhnt eine Stimme in seinem Kopf.

Kommen Sie in meine Sprechstunde!

Ja, aber nicht zu Schacht! Er muss Dr. Breuer anrufen! Sofort!

Warum starren die Leute so? Sehen sie's ihm schon an? Wie Schacht? Sie sind wirklich ein bisschen blass um die Nase!

Herrgott, beruhig dich! Keiner sieht dir was an. Wieso auch! Alles nicht wahr! Nicht du! Dir passiert so was nicht!

„Mensch, Junge, mach die Augen auf. Guck, wo du langläufst."

Die Leute starren, weil du sie anrempelst. Du rennst ja blind durch die Gegend!

Das Herz hämmert ihm gegen die Rippen. Sein Puls flattert. Einatmen! Ausatmen! Er ist doch Sportler! Auf vollkommene Körperbeherrschung trainiert.

Die Sonne, warum scheint die Sonne so brutal! Und dieses stechende Blau!
Der Himmel aus Himmelsblau gemacht, hatten Dan und er damals am Strand von Venice gealbert.
Früh-ling lässt sein blau-es Band wie-der flat-tern durch die Lüf-te.
Er versucht im Versmaß zu gehen. Idiotisch. Aber wenn er sich darauf konzentriert, vor sich hinbrabbelt, pám pam pám pam pám pam pám, dann muss er nicht laut schreien.

Schenk mei-nem Lieb die Treu-e. – Nein. Er muss seine Gedanken sortieren. Und dann muss er was *tun!*
Er zieht den Brief aus der Mappe. Drei Tage hatte er nicht in den Briefkasten gesehen. Seit seine Mutter weg ist. Heute Morgen auf dem Weg zur Schule hatte er ihn aufgeschlossen. Ein flüchtiger Blick: lauter Geschäftspost. Er war spät dran gewesen und hatte alles in seine Mappe gesteckt. In der letzten Stunde bei Schacht, als er das Matheheft rauszog, war der Brief mit rausgerutscht. *Mr Wolf Steinbach.* Er hatte ihn sofort aufgerissen. Die Sätze hämmern hinter seinen Schläfen. *Lass dich testen. Es tut mir so Leid, Birdy.* Absender *Shandy Fraser,* ohne Adresse. Der Poststempel undeutlich. Er steckt den Brief in seine Hosentasche.
Wo ist die nächste Telefonzelle? Er muss Dr. Breuer anrufen! 12 Uhr, jetzt kann er ihn bestimmt noch erreichen.
Die Zelle in der Berliner Straße ist besetzt. Ein Mädchen. Er wartet ein paar Sekunden. Das kann ja Stunden dauern! Er rennt weiter zu der Zelle am Bielenberg. Niemand drin. Die Telecard steckt in seinem Portmonee. Hastig blättert er im Telefonbuch. Die Ärztetafel! Mit dem Finger fährt er die Reihe der Internisten ab. Dr. Richard Breuer ...
Er wählt, am anderen Ende wird gleich nach dem ersten Läuten abgehoben. Die Sprechstundenhilfe. Da hängt er

wieder ein und läuft raus. Die Angst! Seine Stimme: Er wird nicht sprechen können! Er muss vorher überlegen, was er sagen will.
Ich möchte mich testen lassen.
Was für ein Test?
HIV.
Ach so. In dem Fall können Sie sofort kommen. Und dann die ganzen Fragen. Wo? Bei wem? Wann?
In Amerika. Bei einem Mädchen, Shandy, Adresse unbekannt. Vor neun Monaten.
Erst mal nach Hause und unter die Dusche. Obwohl er nass geschwitzt ist, jagt ihm ein Frösteln über die Haut.
Das letzte Stück rennt er wieder. Die Apotheke mit der Doppelherz-Reklame an der Ecke. Der Imbiss: Döner EUR 2,50, Thüringer EUR 1,80, halbes Hähnchen EUR 3,–. Der Wiener Feinbäcker: Linzer Torte zum Dauerniedrigpreis, das Stück EUR 1,–. Dann ist er an der Haustür.
Der alte Friedmann vom Parterre kappt das Unkraut im Vorgärtchen. „So eilich, Wölfken? Wie jeht's denn?"
„Gut." Keinen Smalltalk jetzt mit Parterre-Friedmann!
„Ja, bei det Wetter musset eenem ja jut ..." Wolf lässt Friedmann mit seinem halben Satz stehen und stürzt ins Haus. Der Fahrstuhl hängt irgendwo, er hastet die Treppen in die zweite Etage hoch und schließt die Wohnungstür auf.
Im Flur blinkt der Anrufbeantworter. Zwei Nachrichten. Er drückt die Playtaste.
„Wolf, Schatz, ich hab den Auftrag! Wir werden gleich zu arbeiten anfangen. Die ersten Aufnahmen an der Côte, stell dir vor! Nizza! Ich ruf dich abends an. Mach's gut, mein Junge. Amüsier dich ein bisschen vor den Klausuren, das lenkt ab. Unternimm was am Wochenende. Oder geh vielleicht zu Philip und Ruth."
Lydia. Seine Mutter. Sie wird also diese Modefotos machen. Wehende Mädchenhaare im Meerwind, so und jetzt den Kopf zurückwerfen und die Hände ins Haar!

Guuut! Jaaa! Und langsam auf mich zukommen. Schöööön. Wunderbar, das haben wir im Kasten. Und dann alles auf Glanzpapier.

Die Models tragen alle diese Gebrauchsanweisung im Gesicht. Wir sind die Unberührbaren, schön, arrogant, absolut cool, nur zum Ansehen, Hände weg!

Keine davon wie Shandy. Sie hatten damals auch Fotos gemacht. Am Strand von Venice. Dan, Shandy und er. Shandy kippt vom Surfbrett, Shandy schüttelt ihre nasse Mähne über Dan aus, Shandy und Wolf bei der Wasserschlacht. Shandy und Dan spielen Fangen. Fotos voller Lachen und Leben.

Lachen und Leben? Das klingt wie Hohn.

Er hört die zweite Nachricht ab. Sie ist von Philip. „Komm vorbei, wenn du Lust hast. Lydia hat angerufen. Sie hat den Auftrag. Schön für sie. Also, wenn du willst, lass dich sehen."

Seine Eltern haben vor neuen Jahren die perfekte Trennung geschafft. In aller Freundschaft, voll diszipliniert. Die Scheidung ist top über die Bühne gegangen. Kein Gerangel um Geld und Kind. Keine schmutzige Wäsche vor dem Kadi. Nein, nichts hat ihm gefehlt. Alles war immer bestens durchorganisiert, trotz Karriere: Besuchszeiten, Streichelquoten, Vitamine.

Seine Mutter muss sofort nach Hause kommen! Gleich mit der nächsten Maschine. Er kann hier in der Wohnung nicht allein bleiben. Sonst dreht er durch.

Und was soll sie tun? Händchen halten? Ihn in den Arm nehmen und beruhigen? Wolf, alles wird gut. Da ist nichts, du wirst sehen. Oder mit ihm hier in der Wohnung rotieren? Mein Gott, das darf alles nicht wahr sein! Sag, dass es nicht stimmt, Wolf.

Nein, er kann ihr diesen Auftrag nicht vermasseln. Sie hat so sehr gehofft, dass sie ihn kriegt. In ihrem Job gibt es einen harten Konkurrenzkampf. Er muss sich erst testen lassen, bevor er ihr alles kaputtmacht. Er muss vorher mit seinem Vater sprechen. Der ist immer die Ruhe selbst. Behält in jeder Situation einen kühlen Kopf.

Ach ja?

Ich bin vielleicht infiziert, Vater! Ich werd vielleicht sterben!

Und Philip? Behält wirklich einen kühlen Kopf? Beruhig dich, Wolf. HIV ist heute nicht unbedingt mehr ein Todesurteil. Du kriegst die beste Behandlung, ich kenne genügend Ärzte.

Nein. Sein Vater wird in Panik geraten. Wie er selbst. Es geht um das Leben seines Sohnes und nicht um die Steuererklärung eines Kunden.

Wolfs Körper ist verspannt. Hinter seiner Stirn ein stechendes Pochen, die Nackenmuskeln schmerzen. Er braucht jetzt eine heiße Dusche. Danach wird er noch mal bei Dr. Breuer anrufen. Er wird sich nicht von seiner Sprechstundenhilfe abwimmeln lassen. Ich muss selbst mit dem Doktor sprechen!

Komm gleich in die Praxis, wird Dr. Breuer ihn auffordern. Er kennt Wolf seit Jahren. Hausbesuche bei Masern, Mumps und Röteln. Die Kinderkrankheiten. Das kriegen wir schon hin!

Und jetzt? HIV-positiv? Das kriegen wir schon hin?

Nicht denken. Wolf gießt sich einen Kognak ein, kippt ihn runter und geht ins Bad. Unter der Dusche stellt er den Massagestrahl ein. Das Wasser trifft heiß von allen Seiten auf seinen Körper. Er bleibt lange drunter, entspannt sich etwas, fühlt die Tränen über seine Wangen fließen. Dann trocknet er sich ab, zieht den Bademantel über und geht zum Telefon. „Sie rufen außerhalb unserer Sprechzeiten an. Wir sind am Montag wieder für Sie da“, meldet der automatische Anrufbeantworter mit der Stimme von Dr. Breuer. Er legt auf. 12.5., 12.55 Uhr zeigt das Display des Telefons an.

Er geht in sein Zimmer, schiebt einen Sampler mit Oldies in den CD-Player und legt sich aufs Bett.
I was just a boy giving it all away. Sail away ..., singt Leo Sayer mit seiner kleinen, rauchigen Mädchenstimme.

Später macht er sich in der Küche einen Milchshake mit einer Banane und zwei Kiwis. Jetzt viele Vitamine, sagt eine nüchterne Instanz in seinem Kopf. Doch sie verstärkt sofort seine Angst.
Leben mit HIV. Ich bin positiv, was kann ich tun?
Hunderte solcher Ratgeber wird er demnächst wälzen. Er wird in medizinischen Fachbüchern wühlen und Biografien von Betroffenen lesen. Jeden Tag wird er misstrauisch seinen Körper nach ersten Symptomen absuchen. Was weiß er konkret über HIV und Aids? Er hat damals etwas in der Broschüre geblättert, die Bio-Schöller im Unterricht verteilt hatte. Alles schon bekannt! Alter Hut! Und er hatte sich nicht mehr weiter damit beschäftigt.
Wo ist die Broschüre? Ach ja, er hat sie nach dem Durchblättern gleich weggeworfen. Altpapier. Wie man mit einem Präser umgeht, wusste er ja schon. Was stand sonst noch drin? Etwas über die Latenzphase bei HIV-Infizierten. Du hast es dann noch nicht! Das Virus schon, aber noch nicht Aids!
Wo hat er gehört, dass sich Männer seltener bei Frauen infizieren als umgekehrt? Vielleicht in einer Fernsehsendung, in einer von den Talkshows, in die auch manchmal prominente Infizierte eingeladen werden. Er weiß es nicht mehr. Und stimmt das überhaupt? Gibt es eine Statistik darüber?
Schluss damit! Er muss raus aus der Wohnung. Um 15 Uhr trifft er sich an den Wochentagen immer zum Lauftraining mit Felix. Laufen! Den Kopf leer kriegen!
Aber wozu noch? Vielleicht läuft er seit Monaten schon im

Rückwärtsgang. Und bald rauer Gegenwind. Go for gold? Vergiss es!

Wochenende. Er kann sich auch betrinken. Drei Tage einfach die Decke über den Kopf ziehen.

Nein. Er verträgt keinen Alkohol. Als Sportler trinkt er selten was. Ihm wird schlecht werden. Er wird über der Kloschüssel hängen und spucken. Er wird sich hundeelend fühlen. Und die Angst kriegt er mit Alkohol nicht weg. Aber vielleicht fühlt er sich dann so schlecht, dass er darüber die Angst nicht spürt?

Er starrt auf das arrangierte Stillleben an der Wand, eine Fotoarbeit seiner Mutter: Kürbis, Suppengrün, Tomaten im Korb, Korb auf dem Tisch, daneben ein aufgeschlagenes Buch, Brille auf dem Buch, geöffnetes Fenster im Hintergrund, wehende Gardine, gefiltertes Licht.

Kürbis ...

Suppengrün ...

So kriegt er den Kopf nicht leer.

Er zappt sich am PC durch die Chatrooms und loggt sich schließlich bei Schiwago, Speedy und Violence ein. Ihr Dauerthema: Enjoy life! Sie bringen manchmal ganz gute Gags. Vielleicht lenkt ihn das ab.

<Schiwago> Oh! Lonely Wolf betritt die Bühne.

<Lonely Wolf> Lasst euch nicht stören. Ich bin heute Gasthörer.

<Schiwago> Dann also weiter im Text. Speedy, deine Lebensziele?

<Speedy> Ich strebe nach vollkommenem Glück. Du brauchst dir dafür nur ’n ordentlichen Cocktail einzupfeifen.

<Violence> Du bist vollkommen am Ende. Hör auf zu koksen und streich deine Wände hellgrün an. Letzte Chance für dich, aufs Leben aufzuspringen. Verdammt schneller Zug.

<Schiwago> Versuch's alternativ vielleicht mal mit 'nem Orgasmus.

<Speedy> Nicht schlecht, aber damit machst du keine Schlagzeile. Drogenleiche im Fahrstuhl des Weißen Hauses gefunden. Rätselraten: Wie durchbrach die Leiche die Sicherheitsschleusen?

<Violence> Fuck off and die!

Wolf meldet sich. <Lonely Wolf> Können wir das Thema kurz wechseln?

<Schiwago> Wenn's was Erbauliches ist. Du bist hier auf Station *Enjoy life* .

<Lonely Wolf> War nur 'n Joke.

<Schiwago> Lonely Wolf, wenn du das heulende Elend hast, such dir 'n Rudel. Dann kannst du mit andern Wölfen heulen. Oder schieb dir 'n Video rein. Doktor Schiwago, zum Beispiel.

<Speedy> Lern fliegen. Die kürzeste Verbindung von hier zum Himmel ist die Koksline.

<Lonely Wolf> Danke für die Tipps. So long.

<Speedy> Okay, old boy. Man soll niemanden zu seinem Glück zwingen.

Wolf steigt aus. Den Blödelton hält er heute nicht aus. Der macht ihn aggressiv. Schalt im Kopf ab! Du fühlst nichts, du denkst nichts. Bis der Test beweist: Du nicht.

Natürlich nicht. Nicht von einem einzigen Mal. Und Männer kriegen es beim Heterosex ja nicht so schnell. Das *muss* er irgendwo herhaben, das denkt er sich doch nicht bloß aus.

Ach ja, einmal ist keinmal? Und das Virus hält sich dran? Oder selektiert wenigstens? Du beim ersten Mal, ja, Pech gehabt. Aber du und du und du nicht. Und Wolf Steinbach sowieso nicht, weil *der* ja noch deutscher Meister werden will. Erst mal. Und dann vielleicht aufs Olympia-Treppchen. Wer solche Pläne hat, kriegt's nicht. Ein Sportler! Jede Menge Kondition!

Aids war für ihn bis jetzt was Abstraktes gewesen. Ein Fernsehthema. Die Kamera auf einen anonymen Betroffenen gerichtet oder manchmal auch auf einen Prominenten. So was ist medienwirksamer. Aber trotzdem genauso abstrakt.

Dieser Dokumentarfilm über das Sterben eines Aids-Kranken: Mit einem Gemisch von Grauen, Voyeurismus und Mitleid hatte er hingesehen. Oder das Coming-out eines bekannten Schauspielers: Ich hab's auch. Mit seinem Bekenntnis wollte er Aids zum öffentlichen Thema machen. Danach gab es einen Boom von Talkshows drüber. Häufiger Gast war Rosa von Praunheim, der prominenteste bekennende Schwule Deutschlands. Der hat es nicht. Safer Sex. Oder Glück gehabt?

Aids? Inzwischen kein Thema mehr. Alter Hut. Wissen wir schon alles drüber. Ja, einen Spielfilm zum Thema sieht man sich schon mal an. Da gehen die Schauspieler meist richtig aus sich raus. Zeigen, was sie so draufhaben, den ganzen Psychohorror eben. Oder lassen den total Coolen raushängen. Für die Rolle haben sie sich sogar etliche Pfunde von den Rippen gehungert.

Sei nicht zynisch! Millionen Infizierter auf der Welt! Wie viele genau? Und wo die meisten? In Afrika. Weit weg.

Und deshalb geht's dich nichts mehr an?

Informationen kann er leicht im Internet finden. Aids-Beratung, Selbsthilfegruppen für Schwule und Heteros. Da kriegt er jede Menge Infos. Alles wahrscheinlich auf dem neuesten Stand der Forschung.

Jetzt nicht.

HIV-positiv, was kann ich tun?

Antwort: Gesund leben, nicht rauchen, nicht trinken. Positiv denken.

Nein, dafür hat er jetzt keinen Nerv. Und am Ende kommt doch das erste, zweite und dritte Stadium von Aids. Das vierte: Du hast es hinter dir.

Dagegen gibt es keine Pillen.
Es gibt heute schon sehr erfolgreiche Therapiemöglichkeiten, hatte der Arzt in der Talkshow gesagt.
Und kann ich damit überleben?
Auf diese Frage des Infizierten hatte er keine Beruhigungspille gehabt.

Wolf lädt das Ultimative Battle Game auf seinen PC rüber. Einfachste Spielregeln! Ballern bis nichts mehr geht. Mit einer Teilchenprojektkanone schießt er sich den Weg zum Alleinherrscher des Universums frei, wirft noch ein paar Cruisemissiles ab, die Welten explodieren Funken sprühend, ihre Teilchen flattern im schwarzen Nichts, zur Sicherheit eine Giftgasbombe hinterher und alles beruhigt sich. Die schwarzen Bösen und die guten Weißen legen sich flach, die glühenden Teilchen erstarren. Game over.
Die grünen Lämpchen blinken und Commander Wolf wird aufgefordert, neue belebte Welten zu schaffen. Scheißspiel. Er löscht es: Exit, und schaltet den PC aus. 14.30 Uhr.

Das Telefon. Wolf lässt es fünfmal läuten. Bevor der Anrufbeantworter sich einschaltet, nimmt er den Hörer ab.
„Kann ich gleich mit dir rechnen, Sportsfreund? Unser Lauftraining." Felix' Stimme klingt betont aufgeräumt.
„Heute keine Kondition", hört Wolf sich sagen. Mit seiner Normalstimme. Trotzdem kommt sie ihm fremd vor.
„Hab ich mir schon gedacht. Dein Abgang bei Schachmatt." Felix zögert, dann sagt er in lockerem Ton: „Gibt's was, wobei ich mich als dein Krisenmanager bewähren kann?"
„Nur 'n kleiner Durchhänger." Wenn er knapp antwortet, dann funktioniert die Stimme.
„Wovon?"

„Zu viele Bierchen gestern Abend in der *Stadtmeise*."
„Aha. Dann muss ich das Programm heute wohl alleine runterlaufen. Sehen wir uns später im *Planetarium*?"
„Felix?" Wolf schluckt. Seine Stimme zittert. „Warte auf mich. Ich bin gleich da."

Wolf nimmt den Fahrstuhl in die Tiefgarage und steigt in den Golf. Über die Trasse kann er in zehn Minuten bei Felix sein. Er lässt den Motor an, fährt auf die Schranke zu, die Chipkarte in den Automaten, langsam lässt er den Wagen auf die Straße rollen. Dann gibt er Gas.
Er drückt den Suchlauf des Radios. Nicht denken! Und Felix? Der wird was merken. Komm, es sind doch nicht die Bierchen, Alter. Du trinkst doch sonst nichts. Lass mal raus. Und erster großer Schreck: Oh, Mann! Oh, Mist! Aber dann wird er auch mit diesen Vernunftargumenten kommen. Mach dich nicht verrückt! Du weißt ja noch nichts Genaues! Und wenn: Da gibt's heute doch schon ganz tolle Mittel! Nein, das kann er nicht brauchen. Oder doch? Es einfach sagen? Ein Stück von der Angst rüberschieben. Diese Placebosprüche, vielleicht helfen sie vorübergehend. Für eine Stunde. Für ein paar Minuten: He, du packst das! Ich lass dich nicht hängen. Auf keinen Fall. Wir sind doch Freunde. Und einen Moment hast du sogar das Gefühl, dass es so stimmt. Du hast Freunde! Man lässt dich nicht hängen. Anfangs. Aber dann kommt's doch: Berührungsängste. Mit dir. Mit dem Sterben. Mit dem Tod. Durch die Hölle musst du nachher ganz allein. Kein Licht am Ende des Tunnels. Alles dunkel. Alles aus.
Beim Kreisel ordnet er sich ein. *That dream, impossible dream ...,* schmalzt es aus den Lautsprechern. Tom Jones, der Schnulzier aus den Sechzigern. 1989 war er noch mal mit *Kiss* in den Charts. Vom Küssen kriegst du's nicht. Wolf dreht auf. Gleich kommt diese Stelle. *When I lay to my rest*

... Ja klar, *if I'll only be true,* wenn ich nur edel, hilfreich und gut bin und meinem Stern folge, egal wie unerreichbar der ist, dann hat es sich gelohnt. Dann sterbe ich als Visionär einer menschlichen Zukunft. Und die Welt ist allein durch meinen Edelmut ein Stück besser geworden. Himmelarsch! Nein! Ich will nicht sterben! Nicht als Weltverbesserer und nicht als einer, dem der Zustand der Welt scheißegal ist. Ich bin neunzehn, mein Leben steht in den Startlöchern. Ich will nicht! Ich will nicht!

Naaaaiiiiiiiin!

Er fährt auf den Seitenstreifen, hält an, steigt aus, beugt sich über die Leitplanke und kotzt.

Spuck's aus! Kotz es raus aus dir!

Hinter ihm stoppt ein roter VW-Transporter. „Kann ich dir irgendwie helfen?"

Als er sich aufrichtet, zittern seine Knie. Ein Typ, weiße Malerhose, schwarzer Schnauzbart, himmelblaue Augen kommt auf ihn zu. Wolf hängt sich für einen Moment in diesen fragenden blauen Blick rein. „Danke, du hast mir gerade geholfen." Und er kriegt ein Lächeln hin.

„Okay", sagt der andere, als hätte er's kapiert, hebt grüßend zwei Finger, schnippt kurz damit, steigt wieder ein, kurbelt das Fenster runter, grinst zu Wolf raus und tritt aufs Gas.

„He, gib Aids keine Chance", sagt Wolf, als der andere an ihm vorbeibrummt. Und seine Stimme klingt dabei, als würde er sagen, ciao, Kumpel, ich komm gleich nach. Der Schnauzbart lächelt und hebt noch mal die Hand, wahrscheinlich hat er so was Ähnliches verstanden.

Wolf bringt den Golf wieder auf die Fahrbahn. Er kann die Telefonzelle hinter der Brücke nehmen: Sorry, Sportsfreund, jetzt doch noch kompletter Programmabsturz.

Er fährt an der Telefonzelle vorbei und fädelt sich hinter der Trasse in die Frankfurter Straße ein. Am Steinweg 10 hält er und öffnet Felix die Wagentür.

Hinter der Kiefernschonung laufen sie auf dem Trampelpfad zwischen den Feldern. Der Hasengraben, seit Jahren ihre Sommerstrecke. Rechts blühender Raps, links Lupinen. Lupinus luteus, eine prächtige Pflanze und doch nur ein Stickstoffsammler. Sie wird in voller Blüte geschnitten und untergegraben.
Dieses Gedicht vom Schnitter: *Es ist ein Schnitter, der heißt Tod* ... Von wem? Keine Ahnung.
„Ergötze dich am Busen der Natur, oh, Freund.“ Felix schnauft hinter Wolf her. „Alles leider nur ein schwaches Surrogat für den Busen von Sandra Fender aus meinem Informatikkurs.“
Halt die Klappe, Mann! Du laberst im Augenblick an meiner Schmerzgrenze. Wolf vergrößert den Abstand zwischen Felix und sich um ein paar Meter. Seit acht Jahren sind sie Freunde. Experten für lange Strecken. Seite an Seite. Erst sind sie wie die jungen Hunde gelaufen. Welpen beim Spiel. Jetzt laufen sie auf geradem Kurs gegen die Stoppuhr und gegeneinander. Um eines Tages zu siegen. Go for gold. Wolf hat gut zwanzig Meter vorgelegt und fällt in sein Normaltempo zurück. *In hundert Jahren ist alles vorbei.* Die Gegend hier vielleicht ein Silicon Valley, mikroelektronisch verseucht. Wüste. Nur Strontium-Feldhasen in Übergröße XXL. Und Disteln. Sonst alles tot und begraben.
In hundert Jahren? Bio-Schöller sieht die Dinge, wie sie sind: Tja, meine Herrschaften, wir sind bis jetzt noch sterblich. Und wahrscheinlich auch noch in hundert Jahren. Wir verflüchtigen uns. Erst die Agonie, dann die Totenstarre, Rigor mortis, aber danach wird's noch mal richtig lebendig. Selbstverdauung, Fäulnis. Gärungsprozesse, die uns in unsere absolute Wahrheit zerlegen. Also freuen Sie sich Ihres Lebens, solange die geregelte Atmung Ihre Zellen ernährt. Sauerstoff rein, Kohlendioxyd raus.
Schöller verficht den nackten Biologismus.
Aber der Geist, Herr Schöller? Wohin geht der Geist? Ein

paar wollten es ernsthaft, die meisten nur zur Unterhaltung wissen.
Sofern der Geist Sie überhaupt heimsucht, meine Herrschaften, wird er sich *auch* verflüchtigen, wenn es soweit ist. Die Ratten verlassen das sinkende Schiff, wie Sie wissen.
Bio-Schöllers Sprüche kommen an. Man lacht. Und Schöller? Genießt's. Cooler Typ.
Wirklich cool? Oder ist er nur zynisch? Und versteckt sich hinter coolen Sprüchen, weil er Angst hat wie alle? Sogar vor der Zellatmung: Zellatmung, meine Herrschaften, bedeutet Zellalterung. Und Zellalterung schließlich den Tod.
Schöllers Sprüche kann er jetzt nicht brauchen. Er muss dieses Laufrad im Kopf abstellen. Er konzentriert sich auf seinen Körper, auf jeden Muskel, der unter seiner Haut arbeitet. Einatmen, ausatmen, den Puls kontrollieren, den Schweiß auf der Haut nur wahrnehmen, nicht spüren, dass er klebt.
Zellatmung, Zellalterung. Tod. Bio-Schöller behandelt das Thema, als wär's eine kleine Panne der Natur. Mit diesem unseriösen Ton. Alles nur Tarnung?
Schacht ist da anders. Er hat nicht die flotten Sprüche drauf. Trotzdem ist er beliebter als Schöller. Auf eine andere Art. Die Schüler haben ihn zum Vertrauenslehrer gewählt. Und nicht etwa wegen seiner Fächer. Mathe, das reißt die wenigsten vom Hocker. Mit Sport kommt er schon eher an. Obwohl er da so seine ganz persönlichen Thesen hat. Für Schacht ist der Körper zwar auch eine Leistungsmaschine, die aber nur funktioniert, wenn Kopf und Seele sie steuern. Ein Sportler bist du noch lange nicht, nur weil du einen gut durchtrainierten Körper hast und ein exzellenter Läufer bist. Siege passieren im Kopf. Sieg bedeutet nicht immer die Medaille und das Treppchen. Wenn du dein Bestes gibst und dabei unverkrampft bist in Körper, Kopf

und Seele, dann bist du immer Sieger. Und gratulierst dem, der heute schneller war. Sportlich sein heißt für Schacht nicht nur körperliche Höchstleistung bringen, sondern auch und vor allem fair sein.

Wolf war immer ein guter Leichtathlet. Du könntest mal ein Langstreckenläufer werden, hat Schacht Wolf vor Jahren geraten. Du hast die leichtfüßige, ausdauernde Kraft, dazu Disziplin.

Seither läuft er. Und versucht Schachts Anweisungen umzusetzen: Die Proportionen deines Körpers bestimmen deinen Laufstil. Die Beine haben beim Laufen Hebelwirkung. Deine sind lang, schlank und doch muskulös. Wenn du unverkrampft läufst, stellen sie sich automatisch auf einen langen Laufschritt ein.

Locker. Unverkrampft. Meine Füße rollen gut ab und stoßen sich vom Boden weg. Ich brauche es ihnen nicht zu befehlen. Ich bin ein geborener Langstreckenläufer.

Barfuß über die Golden Gate Bridge. Das war der Traum von Allen Ginsberg gewesen, diesem amerikanischen Protestpoeten. Wolf und Dan hatten es ausprobiert. Es hatte kein besonderes Vergnügen gemacht. Doch Allen Ginsberg war Dans Prophet und ihr Barfußspurt eine Reverenz an den toten Meister. Die Fußsohlen brennen, aber nach zwei Dritteln der Strecke spürst du's nicht mehr. Nostalgie hatte sie beflügelt und high gemacht: Allen Ginsberg, hier sind wir!

Dan! Er muss ihn anrufen. Dan, *du* bist der Glückspilz. *Du* bist der Sieger. Auch wenn es damals nicht danach aussah. Dan hatte ihn mit diesem melancholischen Blick angesehen, bevor er Gas gegeben hatte und in seinem alten Buick Cabrio langsam davongerollt war: Okay, du hast jetzt freie Bahn bei Shandy. Schicksal, dass ich zurückmuss. Was kann man da machen. Du hast gewonnen, aber der Sieger bin ich.

Einen Moment lang hatte Wolf so was wie ein schlechtes Gewissen gehabt. Doch was bedeutete das gegen die beiden

Tage mit Shandy. Mit ihr allein am Strand von Venice! Ohne Dan! Wenigstens diese zwei Tage. Danach war auch Shandy abgefahren, zurück zu ihrem Steve, und der Sommer war für ihn vorbei gewesen. Bei fünfunddreißig Grad im Schatten!

Ein paar Tage später war er mit Dan nach San Francisco gefahren. Auf der Golden Gate Bridge hatte Dan Allen Ginsberg rezitiert. *Du bist jener Eine, der sich wünscht, ein sanfter Finger zeichne die Spur des Gefühls von der Brust zum Geschlecht.*

Um was geht's da genau?, hatte er von Dan wissen wollen.

Liebe, Liebe, Liebe, hatte Dan geantwortet.

War Ginsberg eigentlich schwul?

Und wie! Aber vielleicht auch ein bisschen bi. *Schweigend werde ich ins Schlafzimmer gehen, mich niederlegen zwischen Bräutigam und Braut.* Oder das: *Tod! Meine einzige Hoffnung, allein meine Auferstehung: die Frau.* Tja, bevor du in die Kiste musst, willst du deine Gene doch noch ganz gern untergebracht haben.

Und? Hat er sie weitergegeben?, hatte er Dan gefragt.

Vielleicht. Wer *Ja* sagt, ist ein Klugscheißer. Wer *Nein* sagt, auch. Übrigens sind vierzig Prozent der Männer schwul oder bi. Du brauchst bloß mal in ihren Fantasien spazieren zu gehen.

Und du?, hatte Wolf gefragt.

Du hast Glück, dass ich dich noch nicht vernascht hab. Vielleicht, weil du so eindeutig zu den restlichen sechzig Prozent gehörst.

Aus Dan wurde man nicht richtig schlau. Und was war mit Shandy?, hatte er ihn gefragt. Du warst doch genau so in sie verknallt wie ich.

Sei still, du Sadist! Ich bin's noch! Und ich leide wie 'n Hund, hatte Dan geantwortet und dabei melancholisch den Horizont abgesucht: *Ich wäre bereit in den Lüften zu sterben.* Mit ihr. Und für sie.

Neun Stunden Zeitverschiebung. In Santa Barbara/Kalifornien ist es jetzt halb acht morgens. Dan ist wahrscheinlich gerade beim Frühstück. Später wird er in einem Seminar sein. Oder er ist schon ins Wochenende gefahren. Am Freitag geht es mit den Feten und Diskos los.
Schacht hatte Wolf damals zugeredet, dieses halbe Jahr Amerika noch mal mitzunehmen. Er war in der zehnten Klasse schon einmal drüben gewesen. Seine Mutter hatte dort für ein paar Monate einen Auftrag gehabt und er war mit ihr rübergegangen. Als er zurückkam, war sein Englisch so gut wie perfekt. Natürlich ziemlich amerikanisch. Seine sportlichen Ambitionen waren an der New Yorker High School sehr willkommen gewesen. Baseball, American Football, Leichtathletik. Überall hatte er mitgemischt. Es war eine gute Zeit gewesen.
Deswegen hatte ihm Schacht auch zugeredet, noch einmal die Chance zu nutzen, als dieses Angebot kam. Kalifornien! Allerdings nur ein kleines Nest. Nicht gerade Beverly Hills. Etwas landeinwärts. Keiner sonst hatte sich dafür interessiert. Noch mal Amerika, warum nicht?, hatte Schacht gesagt. Es ist zwar schwierig, jetzt, im Kursunterricht. Aber geh. Sport wird an den Schulen dort groß geschrieben. Ein halbes Jahr, das kriegen wir hin. Ich werde für dich eine Ausnahmeregelung durchboxen, damit du nachher hier nicht ein ganzes Jahr verlierst. Wenn du dich auf den Hosenboden setzt, dann wirst du's auch so packen.
Bei seiner Rückkehr aus den USA gab es ein Novum. Schacht redete jetzt alle aus der Dreizehn mit Sie an, auch ihn. Er hatte die Ausnahmeregelung für ihn durchgekriegt und Wolf hatte gepaukt und alles nachgeholt. Mit seinen Vornoten ist das Abi jetzt reine Formsache.
Und dann? Die Form wahren! So tun, als ob. Als ob nichts wär und jetzt das Leben an die Reihe käm. Studienplatz für Sport und vielleicht auch noch Mathe. Die Fächer seines Vorbilds Schacht.

Sein Vater hätte es am liebsten, dass er Wirtschaft oder Jura studiert. Doch da hat er schon abgewinkt. Auf keinen Fall. Na schön, dann nicht. Und vielleicht reicht es ja bei dir mal sportlich aufs olympische Treppchen, hatte Philip nachgegeben.

Auch mit Schacht hatte Wolf über seine Studienpläne gesprochen. Sie sind so ein Allrounder, Wolf. Fast überall glatt Zwei. Was soll man da raten? Wählen Sie Fächer, für die Sie mit Lust und Liebe arbeiten. Dann kommt auch was dabei heraus.

Der Studienplatz für Sport ist ihm schon sicher. Ob er Mathe dazunimmt, kann er später noch entscheiden. Wenn er in den Uni-Betrieb reingeschnuppert und ein endgültiges Berufsziel vor Augen hat.

HIV!

Hör auf! Versuch es erst mal zu verdrängen!

Noch läuft er. Leichtfüßig, langer Schritt. Die Beine als Hebel.

Und wenn es ihn doch rauswirft aus der Bahn?

Erst mal der Test. In ein paar Tagen die Klausuren. Alles der Reihe nach. Sie sind ein bisschen blass um die Nase! Ja, Schacht. Wenn Schacht ihm nicht zugeredet hätte: Geh ruhig noch mal rüber! Ich krieg für dich eine Ausnahmeregelung!

Aha! Du bist dabei, den Schuldigen auszumachen! Schacht hat dich überredet? Und Dan hat dich mit Shandy allein gelassen?

Und Shandy? Sie hat doch nur diesen Steve geliebt. Trotzdem hat sie mit dir geschlafen.

Shandy oder das Leben?

Hör auf, dir was in die Tasche zu lügen. Du weißt genau, wie es gelaufen ist.

Felix legt Tempo zu und schiebt sich neben Wolf. „He, Champion, du läufst heute wie gedopt. Zu krass für mich, ich bin außer Puste. Lass uns etwas bremsen, ja?“

„Okay.“ Sie laufen die letzten drei Kilometer bis zum Auto schweigend nebeneinander. Nur ihr Atem ist zu hören.

„Zoff mit deinem Umfeld?“, fragt Felix mit einem Seitenblick auf Wolf, als sie zurückfahren.

„Kosmische Einflüsse“, versucht Wolf zu witzeln.

„Du hast ’ne Anlaufstelle, wenn’s irgendwo brennt. Ich mein, Sicherung durch vorm Abi oder so. Obwohl du’s sowieso schon in der Tasche hast.“

„Danke fürs Angebot. Werde drauf zurückkommen.“

„Lass uns noch was trinken gehen“, schlägt Felix vor.

„Vielleicht später. Im *Planetarium*.“ „Okay. Und...du brauchst bis dahin wirklich keinen freundschaftlichen Notdienst? Ich steh zur Verfügung.“

„Get out, boy.“

Felix steigt aus, hebt kurz die Hand. „Man sieht sich nachher noch.“ Wolf gibt Vollgas, der Motor heult auf. Er nimmt den Fuß wieder vom Gas weg, tippt jetzt das Pedal nur leicht an, der Wagen rollt langsam den Steinweg entlang. An der Kreuzung fädelt er sich in den Fließverkehr Richtung Stadtmitte ein.

Sein Vater ist noch oben im Büro. Das Fenster des Arbeitszimmers ist gekippt. Die Neonleuchte unter der Decke brennt. Wolf parkt und steigt aus. Die Eingangstür ist schon verschlossen. Doch er hat einen Schlüssel. Er sperrt auf, der Fahrstuhl ist unten, Steinbach & Granitz, Steuer- und Rentenberatung, 5. Etage.

Er öffnet die Fahrstuhltür, hält einen Augenblick unentschlossen den Griff in der Hand, dann lässt er ihn los. Die Tür fällt schwer in den Rahmen zurück, er kehrt um und schließt ab.

Als er im Wagen sitzt, spürt er wieder das Zittern in seinem Körper. Die Angst füllt ihn jetzt ganz aus. Er lehnt sich zurück und schließt die Augen. Er kämpft noch gegen den Sturm in sich an. Aber dann ist er am Ende. Er hängt weinend über dem Lenkrad und kann sich erst beruhigen, als dieser Knoten in seiner Brust sich lockert. Dann fährt er los.

Zu Hause wirft er sich auf die Couch und stellt den Fernseher an. Er braucht irgendwelche Stimmen, sonst erträgt er die leere Wohnung nicht. Eigentlich müsste er unter die Dusche, aber er kann sich nicht aufraffen. Er zappt die Programme durch und stoppt bei einem politischen Magazin mit Studiogästen. Er versucht zuzuhören.
– Wir werden auch weiter Wanderasyl in unseren Kirchen gewähren.
– Dann gibt es bei uns immer mehr Illegale. Damit unterlaufen die Kirchen den Rechtsstaat faktisch.
– Kein Mensch ist illegal.
– Sie haben mich an Händen und Füßen gefesselt und an einen Haken gehängt. Dann haben sie mich geschlagen. Zwischen die Beine. Man muss euch kastrieren, Bastarde!
– Sie haben mich mit Elektroschocks und brennenden Zigaretten gefoltert. Da habe ich meinen Nachbarn an sie verraten.
Werbeunterbrechung.
Danach die Schlagzeilen: Reduzierung der Bundeswehr geplant. Schröder für Fortsetzung der Rot-Grün-Regierung in Nordrhein-Westfalen. Potenzpille Viagra jetzt auch für Frauen? Wetter am Wochenende: Viel Sonne, frühsommerliche Temperaturen.
Wolf schaltet ab. Er bleibt auf der Couch liegen: Ich bin gelähmt. Ich kann mich nicht rühren. Nie mehr.

Beweg den kleinen Finger der linken Hand!
Es geht nicht.
Los! Beweg ihn!
Ich kann nicht.
Versuch's rechts!
Geht nicht.
Dann halt die Luft an. Hör auf zu atmen!
Ich kann nicht.
Du sollst die Luft anhalten!
Ich will. Aber ES atmet.
ES ATMET.

Das Telefon. Nach dem sechsten Läuten springt der Anrufbeantworter an. „Wolf, ich bin's." Seine Mutter. Er steht von der Couch auf und nimmt den Hörer ab. „Hallo, Mutter."

„Wolf, mein Schatz, alles in Ordnung?"

„Klar doch. Von wo aus rufst du an?"

„Schon von Nizza aus. Wir sind vor einer Stunde angekommen. Das ganze Team."

„Na dann ..."

„Ist was mit dir? Deine Stimme ..."

„Heiser. War gestern Abend noch in der *Stadtmeise.* Viel Qualm da."

„Pass auf dich auf, Wolf."

„Logisch, Mutter. Wie ist das Wetter?"

„Sehr heiß. Der Himmel total blau. Fast zu grell für die Aufnahmen."

„Kriegst du schon hin."

„Tschüs, mein Junge. Mach's gut."

„Mach ich, Mom. Tschüs dann."

Er legt auf.

Er muss Dan anrufen. Dan, bitte, du musst sie finden. Und dann ...

Und dann?
In Santa Barbara ist es jetzt zehn Uhr früh.
Wolf blättert in seinem Adressbuch: Chamber.
Judy Chamber.
Dan Chamber.
Vielleicht ist Dan noch auf dem Campus. Kann man ihn ausrufen lassen? Dan, du Glückspilz. *Du* bist der Sieger. *Du* bist davongekommen. Meine Karten stehen ziemlich schlecht.
Der Brief. Er liegt auf dem Tisch: *Birdy, bitte lass dich auf HIV testen. Bitte! Es tut mir so Leid, Birdy. Ich habe es nicht gewusst! Bye, Shandy.*
PS: Such nicht nach mir, mir geht's so beschissen. Und verzeih.
Das ist alles. Kein Wort sonst. Keine Erklärung. Nichts.
Von wem hat sie's? Himmelarsch, von wem? Von diesem Steve? Und wem hat sie's sonst noch angedreht? Zwischen Dan und ihr ist nichts gewesen. Oder haben sie sich später vielleicht noch mal gesehen? Als er schon wieder in Deutschland war? Nein, das hätte Dan ihm gesagt. Oder nicht? Warum hätte er es sagen sollen! Weil sie Freunde sind, Dan und er.
Von wem? Von wem und seit wann?
Dan, du musst sie finden! Shandy Fraser, letzte bekannte Adresse: US-Bundesstaat Montana, 380.000 Quadratkilometer, ein Drittel davon Rocky Mountains. Jetzt wahrscheinlich Seattle. Bundesstaat Washington.
Der Poststempel: Cut B... Der Rest unleserlich.
Bye, Birdy, grüß Dan, hatte sie gesagt. War schön mit euch. But no letters, okay?
Keine Briefe. Keine Anrufe. Sie war auf ihre Maschine gestiegen und ihre langen Haare unter dem Helm hatten noch eine Weile im Wind geflattert. Sie gehörte zu diesem Steve. Weit weg. Irgendwo in Montana. Zu ihm fuhr sie zurück. Den Interstate Highway Number 5 rauf.

Wolf wählt Dans Nummer. Die Leitung ist besetzt. Wie viele Anschlüsse gibt es auf dem Campus des Westmont College? Jetzt werden dort die letzten Dates fürs Wochenende abgemacht und die Drähte laufen heiß. Freitag, höchste Zeit, wenn man am Wochenende etwas Spaß haben will. Er legt auf, wartet ein paar Minuten und wählt noch mal. Frei. O, Dan! Scheiße noch mal, heb doch ab! Nach dem zehnten Läuten legt er wieder auf.

Er war mit so großen Erwartungen in die USA geflogen! Die ganzen Sportangebote nutzen. Vielleicht auch an einer AG für Tanztheater teilnehmen.

Doch dann war er in diesem Wüstenloch bei den Chambers gelandet. Dan war in seine Pläne hineingeraten und hatte alles durcheinander gebracht. Dann war Shandy aufgetaucht. Und Dan und er hatten angefangen, sich wie Balzhähne zu belauern.

Wenn sie sich für dich entscheidet, ist das ein fundamentaler Fehler, ein grandioser Irrtum, hatte Dan gesagt und auf diese besondere Weise gegrinst. Melancholisch, eben schon wie der Verlierer.

Soll er bei Dans Mutter anrufen? Aber Judy hebt selten ab. Der kleine Benny wird rangehen und ihm gleich tausend Sachen erzählen. Dass sein neues Rabbit auch Ölsardinen gefressen und jetzt Schieteritis hat. Dass er die Schule ganz brauchbar findet. Dass er Pamela aber noch nicht rumgekriegt hat, obwohl sie jetzt nebeneinander sitzen. Und dass Wolf unbedingt kommen muss. Er hat keinen mehr zum Schach spielen. Und irgendwann muss Wolf ihn unterbrechen. Wo ist Dan? Du weißt nicht wo? Benny, hol deine Mom ans Telefon. Es ist wichtig. Lebenswichtig.

Lebenswichtig? Es geht um Leben oder Tod!

Er legt den Hörer wieder auf.

Relax, man!

Relax, man! Elf Stunden Flug, zehn Minuten Kreisen über L.A., bis der Flieger Landeerlaubnis bekommt. Endlich unter ihnen der Tower, der Jumbo setzt mit leichtem Rumsen auf dem Runway auf und rollt aus, Applaus für die Piloten. Die Schalter der amerikanischen Einwanderungsbehörde. Fragen des Immigration Officers. Drogen? Krankheiten? Knast? Und dann ist der Koffer weg!

„Relax, man!“ Dan steht vor ihm, groß, sportlich, blond, blauäugig, braun gebrannt. Der typische Beverly Hills California Boy aus der Nachmittagsserie, in modischen Klamotten und mit Baseball Cap.

Er lässt sich Wolfs Flugpapiere geben, schiebt sich zielsicher durch die Menge auf einen Beamten zu, Wolf im Schlepptau. Nach zehn Minuten ist alles geregelt. Sein Koffer, mit Klebeband getapet, ist auf wunderbare Weise aufgetaucht.

„Yours?“ Wolf nickt.

„Sorry. Kleine Panne.“ Der Beamte tippt an seine Mütze, schiebt sie in den Nacken und grinst. Wolf will den Koffer aufnehmen, Dan kommt ihm zuvor. „Service! You're the guest.“

Dann Anstehen beim Zoll. Endlich ist alles erledigt. „Have a nice time.“

Sie fahren in dem alten Buick Cabrio aus der Stadt raus auf die Hills zu. Breite Straßen, auf denen viel Edelblech rollt, amerikanische Schlitten, deutsche Stern-Limousinen, hier und da ein Rolls-Royce. Häuser im Kolonialstil und moderne Bauten, alle auf dem Pulverfass gebaut. Im Durchschnitt vierzehn Erdstöße pro Tag, seismografisch auf der Richterskala gemessen. Der Andreas-Graben und seine Ausläufer. Wenn sich die Schollen mal richtig verhakeln, dann gehen hier wahrscheinlich die Lichter aus. Aber heute ist über allem noch blauer Himmel. Sie fahren mit offenem Verdeck. Ein warmer Wind wirbelt in Wolfs Haar und fährt ihm über die Haut.

„Der Angeles National Forest“, stellt Dan die Gegend vor, durch die der Freeway jetzt führt. Später tauchen sie aus dem Grün in eine Sand- und Gesteinslandschaft ein. Wüste. „Neunzig Fahrenheit“, informiert sie die männliche Radiostimme. Für einen Apriltag schon ziemlich aufgeheizt. *Ashes to ashes and dust to dust,* tönt es hinter ihnen aus den Boxen.

„Noch 'n paar Grad drauf, und wenn du dann 'ne Panne hast und gerade den letzten Tropfen getrunken und bald keinen klaren Kopf mehr, kann's leicht so kommen“, grinst Dan. „Sonnenstich. Du läufst mit ausgestreckten Armen übers Geröll auf 'ne Oase zu. Gar nicht so weit. Aber: Fata Morgana. Und das war's. Den Rest besorgen die Kojoten.“

Ein paar Fragen und Antworten hin und her, dann sinkt Wolf in den Sitz zurück, schläft ein und wacht erst auf, als Dan ihm auf die Schulter tippt.

Hier soll er die nächsten Monate verbringen? Telefonmasten, ein paar verdorrte Stachelbäume in der Gegend, Kakteen, graue und sandfarbene Steinhügel und Täler in allen Schattierungen. Ankunft auf dem Mond. Kleine Windhosen, die Staub vor sich herwirbeln, sonst kilometerweit unverstellter Blick auf die dunstige Skyline ferner Mountains. Doch da drüben, schwer abzuschätzen in welcher Entfernung, eine Anhäufung von Gebäuden. Ein Ort. Vielleicht eine Stadt?

Ein kleinerer Ort, ein paar Meilen landeinwärts von Los Angeles, so hatte es am schwarzen Brett der Schule gestanden. Wolf hatte später einen Brief bekommen, nur ein Foto drin. Ein blonder Typ vor einem etwas ramponierten Cabrio, daneben ein rothaariger Knirps mit einem Kaninchen auf dem Arm. Im Hintergrund blaues Meer und Palmen. Dan 18, Benny 7, hatte hinten draufgestanden. Und: Wir erwarten dich. Sonst nichts.

Der Bungalow der Chambers wertet die Gegend auch nicht

auf. Ein weißer Flachbau, davor ein paar Kakteen und zwei Kübel mit irgendeinem gelb blühenden Distelgewächs.
Sie gehen über die Veranda ins Haus und gelangen direkt in die Küche. Aus einer der Türen kommt ihnen eine rotschopfige Frau entgegen, Latzhosen, zerstreute, aber freundliche Miene.
„Hi, da bist du ja. Du bist doch der Junge aus ... woher noch mal?"
„From Germany, Mom. Wolf from good old Germany", sagt Dan.
„Oh, yes." Sie lächelt Wolf an und gibt ihm einen Kuss auf die Wange. „Hello, Woulf." Dann geht sie an den Kühlschrank und holt ein Dosengetränk raus.
„Bye, boys, bis nachher. Ihr werdet doch allein fertig?" Sie lächelt noch mal – mindestens so umwerfend wie Julia Roberts, findet Wolf –, winkt ihnen zu und verschwindet wieder hinter der Tür, durch die sie aufgetaucht war.
„Darf ich vorstellen", sagt Dan grinsend, „du hast soeben meine Mutter Judy kennen gelernt. Und das hier ist Benny, ihr zweiter Fehltritt."
Der Knirps, den Wolf vom Foto her kennt, sitzt am Küchentisch vor einem Laptop, macht kurz „hi" und ist gleich wieder in eine Partie Schach gegen den Computer vertieft.
„Du bist dann wohl Fehltritt Nummer eins? Seid ihr vaterlos?"
Dan grinst. „So ziemlich. Die Gegend hier *und* Judy, das schlägt den stärksten Mann in die Flucht."
„Stimmt was nicht mit ihr? Ich mein ... wegen der Gegend und ... und so? Jedenfalls sieht sie top aus."
„Huiiittt! Sie ist ein bisschen verrückt." Dan kreist mit der Hand vor der Stirn.
„Echt verrückt?"
„Na ja, nur so viel, wie gerade nötig ist, um hier zu leben. Aber du hast Recht, sie ist noch so schön wie 'n reifer Sommertag."

„Und was macht sie da drin?“
„Romane!“
„Kein Witz?“
„Schriftstellerin? Mann, sag bloß! Schreibt sie gut?“
„Wir leben jedenfalls ganz ordentlich davon.“ Dan mixt einen giftgrünen Drink zusammen.
Sie setzen sich damit in die durchgewetzten Sessel auf der Veranda. Benny hat die Partie Schach beendet, kommt raus, nimmt das Kaninchen aus der Hängematte und steigt selbst rein. Er packt sich den Stoffbär unter den Kopf, das Kaninchen mümmelt jetzt auf seinem Bauch weiter schläfrig vor sich hin.
„Kannst du Schach?“, fragt er Wolf.
„Na ja. Ich bin nicht Kasparov. Aber auch nicht so schlecht.“
„Okay, dann lass uns nachher ’ne Partie spielen.“
„Wenn du mit *nachher* morgen oder übermorgen meinst, kannst du mit mir rechnen.“
„Versprochen?“
„So ziemlich.“
Wolf ist zu müde, um herauszufinden, ob er wirklich im schönen, freien Amerika gelandet ist oder ob da nur ein falscher Film läuft.
Als er im Sessel aufwacht, ist es Nacht. Kühle Wüstennacht.

Wolf rappelt sich von der Couch hoch und geht in die Küche. Ein Joghurt im Kühlschrank, zwei Eier, etwas Käse. Sonst nichts. Brot ist auch nicht mehr da. Er öffnet den Joghurt, schält eine Banane und löffelt ihn damit aus. Am Kiosk wird er nachher einen Döner essen.
Auf seiner Haut ist noch der Schweißgeruch. Er geht ins Bad und duscht.
Vor dem dreiteiligen Spiegel trocknet er sich ab. Dann geht er näher heran und starrt auf sein Spiegelbild. Die Fassade

von Wolf Steinbach. Alles noch tadellos. Er kreuzt die Arme vor der Brust, umfasst seine Schultern, dreht sich seitwärts, sein Blick fährt die Hüften entlang, er schaut rückwärts über die rechte Schulter, der Hintern ist straff, lange schlanke Oberschenkel, die Unterschenkel ein bisschen zu kurz. Er macht noch einen Schritt vorwärts, steht jetzt dicht vor dem Spiegel, streicht sich mit den Fingerspitzen über Stirn, Schläfen und Wangen, fährt über die Lippen, spürt ihre zarte Haut.

Für einen Moment schließt er die Augen. Und innen? Was ist *in* ihm los?

Er muss sich gegen die Angst abriegeln. Wie? Er versucht einen unbeteiligten Blick auf sein Spiegelbild: Das ist der Körper von Wolf Steinbach. Alles okay.

Alles tadellos.

Es funktioniert nicht. Vielleicht wird er diesen Körper bald hassen. Seine Gedanken sind schon dabei, ihn zu zer*fleischen.*

Er tastet die Arme ab, seine Augen folgen im Spiegel den Händen: Beulen? Violette Flecken? Dann die Achselhöhlen: geschwollene Drüsen? Nein. Jetzt den Hals. Ja, am Hals unterm Kinn fühlt er sie deutlich. Ist das normal? Oder schon ein Symptom? Mit Drüsenschwellungen fängt das Frühstadium von Aids meist an. Das hat er auch in der Broschüre gelesen. Und dieser Widerstand beim Schlucken. Er kann nicht richtig schlucken! So ein Druckgefühl. Er schluckt gegen einen Kloß an. Schon wieder leichter Schweiß auf seiner Stirn! Er hat doch gerade erst geduscht! Dieser infizierte Typ damals im Dokumentarfilm: Du schwitzt wie verrückt, morgens kannst du dein Bettzeug auf die Leine hängen. Alles nass. Denn wenn du Glück hast, konntest du mal eine Nacht im Bett verbringen. Musstest sie nicht auf der Kloschüssel absitzen.

Dieses unsichtbare Etwas, das es nur mikroskopisch gibt, wird aus ihm ein Wrack machen.

Nein. Das lässt er nicht zu. Niemals!

Dagegen gibt es keine Pillen. Dagegen ist kein Kraut gewachsen.

Er dreht sich vom Spiegel weg. Bloß raus aus der Wohnung! Mit Leuten zusammen sein! Spüren, dass er lebt!

Er wird die Nacht in der Disko durchmachen.

Enjoy life.

Er steht vor dem Schrank. Was soll er anziehen? Heute muss er top aussehen, also Edel-Clubwear von Apollo. Seine Mutter kommt zu Dumpingpreisen an die Sachen. Er entscheidet sich für die schwarze Lederjeans und ein enges schwarzes T-Shirt. Das modelliert seinen Körper. So fühlt er sich gut. Das wird ihn auf den Beinen halten und ihm nach außen Sicherheit geben. Und das schwarze Stirnband von Dan? Ein Abschiedsgeschenk von ihm. Schwarz auf blond, das sieht gut aus. Das goldgestickte Label vorne ziemlich passend. Ein Sensenmann. Dan hat Sinn für Ausgefallenes.

Nein, das Stirnband nicht. Oder doch? Er kichert hysterisch. Warum nicht? Der mit dem Sensenmann tanzt!

Wieder muss er kichern. Es ist wie ein Zwang. Das ist die erste Nacht der neuen Zeitrechnung. Der Zeit x.

19 + x = ?

Sieh mal, deine Lebenslinie. Du wirst hundert Jahre alt, hatte Shandy gesagt und mit dem Finger eine Querlinie auf seiner Handfläche nachgezeichnet.

Er hatte gewitzelt: Ja prima, wir werden beide uralt und leben zusammen in einer Höhle und sind steinreich, weil es zufällig eine Goldmine ist. Und wir zeugen jede Menge Nachkommen. Intelligente Primaten. Und der große Manitu spricht uns am Ende unsterblich.

Sie hatte gelacht. Möchtest du ewig leben?, hatte sie dann gefragt.

Nein, er will nicht ewig leben. Aber leben will er! Gut leben! Und lange! So lange, wie er richtig scharf drauf ist. Und er ist scharf drauf!

Leben, das war bis jetzt was Selbstverständliches. Du lebst einfach, basta! Klar wirst du alt und kriegst vielleicht Krebs oder einen Herzinfarkt und stirbst. Aber das ist an irgendeinem Lichtjahre entfernten unbekannten Tag.

Bisher sind immer die anderen gestorben. Sterben passiert jeden Tag. Sterben ist ganz alltäglich. Ganz konkret. Und trotzdem abstrakt. Weil es die anderen trifft. Flugzeugabstürze, Verkehrsunfall, Krieg in irgendeinem exotischen Land, ein Amokläufer und sechs Tote in Amerika oder Japan, der Schauspieler Y nach schwerer Krankheit. Plötzlich und unerwartet, seitenweise Todesanzeigen in den Zeitungen.

Doch was hat das alles mit ihm zu tun? Die Verdrängung hat bis heute geklappt.

Dan war da anders. Er kam manchmal mit so abgefahrenen Ideen. Jung sterben! Wen die Götter lieben, den holen sie zeitig. Nur wenn du jung dran bist, bist du unsterblich. Du wirst ’n Mythos. James Dean, Jimmy Hendrix, Janis Joplin, Kurt Cobain, River Phoenix. Alles Auserwählte. Göttliche.

Wolf wusste nie genau, woran er mit Dan war. Machte er nur Sprüche oder meinte er es wirklich ernst? Vielleicht hatte er ja Recht? Jung sterben! Auserwählt sein! Nicht alt werden und den Körper zerfallen fühlen und Schmerzen ertragen.

Wolf Steinbach ist auserwählt.

Nein! Die Götter lieben dich nicht. Sie funken dir dazwischen. Jetzt du, Steinbach. Und erst nach dir: Der Nächste, bitte!

Nun, Herr Steinbach, wie geht es uns heute? Mal sehen, was wir noch für Sie tun können. Und der unerschrockene Doktor reicht ihm die Hand. Ohne Handschuhe natürlich.

Übers Händeschütteln kriegt man's nicht. Weiß doch jeder! Leider positiv, Herr Steinbach. Aber nun verlieren Sie nicht gleich den Mut. Wir kriegen das schon in den Griff. Gesunde Lebensweise ...
Leben auf Sparflamme?
Nein! Bloß nicht auf Sparflamme umstellen! Und nachher war es doch umsonst. Aufdrehen! Gas geben! Nicht warten, bis das Virus bestimmt. Ich bestimme. Ich, verdammt noch mal!
Poff!
Ganz plötzlich und unerwartet
im Alter von 19 plus x Jahren
unser geliebter Sohn/Freund/Sportskamerad
durch freien Fall Aufstieg zu den Göttern.
Fieberschübe, Durchfälle, Lungenentzündung, Sarkome, Zusammenbruch des Immunsystems? Nein. Vorher wird er springen.
Er *wird* doch springen, bevor es so weit ist?

Es ist noch etwas früh fürs *Planetarium.* Egal. Heute braucht er was zum Durchhalten. Sofort. Den Wagen lässt er am besten stehen. Er kann mit der Bahn fahren.
Unten hängt Parterre-Friedmann am Fenster, neben ihm der rote fette Perserkater Mambo mit dem bösen Blick.
„Willst dich noch wat amüsieren, Wölfken?" – „Und wie!"
„Wetter is ja auch danach, wa. Der Mai, der Mai, der lustije Mai, wa? Tja, jung müsste man noch ma sein. So 'n kesset Ding anne Seite ham. So wie se heute sind. Dat wär's."
„Tja, das ewig Weibliche zieht uns hinan."
„Wat redeste da?"
„Alte Faust-Regel, Herr Friedmann. Von Goethe."
„Willste den ollen Friedmann wohl 'n bissken verscheißern, wa? Na denn ma vill Spaß ooch. Und nich mitte Fäuste! Bist doch 'n feinen jungen Mann!"

Ja, Friedmann, bin ich. Bis es so weit ist. Wat, der ooch? Ooch eener von die? Annersrum? Kieke ma an! Un nu hadders. Friedmann sieht die Sachen auch nur so, wie man die Sachen eben sieht.
„Schönen Abend noch, Herr Friedmann. Vielleicht fängt Mambo ja ’n paar Mäuse heute Nacht. Für ’ne Braut ist er schon zu zauselig.“
„Haste Recht. Wie der Herr so ’t Jeschärr.“
Na also. Ging doch ganz flüssig, der Smalltalk mit Parterre-Friedmann.
Am Kiosk isst er einen Döner. Dann geht er zur S-Bahn.

Das Mädchen steigt in Oslershausen zu und setzt sich ihm gegenüber, obwohl die S-Bahn ziemlich leer ist. „Hallo“, sagt sie und lächelt ihn an.
„Hallo.“ Na gut. Dann darf er sie ruhig anstarren. Deswegen hat sie sich ja wohl zu ihm gesetzt. Sie ist schön! Atemlos schön! Sie hat was Besonderes. Was ist es? Ihre Augen? Genau. Sie sind wasserfarbengrün und stehen diesen Touch zu weit auseinander. Wie bei Lydias Models. Das krause, halblange Haar ist blauschwarz und mit einem Reifen zurückgehalten. Und dieser geschwungene Mund. Sie trägt silberne Halbmonde als Ohrschmuck. Alles an ihr ist edel. Jetzt lächelt sie ihn wieder an, die Lippen einen Spalt geöffnet. Dahinter der glänzende Zahnschmelz.
„Willst du vielleicht ins *Planetarium?*“
„Steht mir wohl auf der Stirn geschrieben?“
Sie lacht. „Ziemlich deutlich. Mit *dem* Stirnband ...“
„Cool?“
„Obercool.“
Was jetzt? Seit Shandy hat ihn keine mehr richtig interessiert. Nicht mal eine Kurzgeschichte hat’s danach gegeben: He, du bist nett. Du auch. Dann lass uns vorübergehend das Beste draus machen.

Das Beste? Wär für *sie*, sie würde ziemlichen Abstand von ihm halten.
Aber sie kann das Zeichen auf seiner Stirn ja nicht deuten: Vorsicht! Sensenmann! *Es ist ein Schnitter; der heißt Tod.* Solange du mich nur anlachst, kriegst du's nicht. Wenn du mich anfasst, auch noch nicht. Aber wenn du mich richtig anmachst und wir dann heftig knutschen?
Bio-Schöller: Die Mundhöhle ist die Brutstätte aller Übel, meine Herrschaften. Eine wahre Pandora-Büchse. Aber keine Angst und frisch drauflos, solange die Schleimhäute intakt sind und sich wehren.
„Du fährst auch ins *Planetarium?*", fragt Wolf. Logisch, wohin sonst. Aber irgendwas muss er schließlich sagen. Und was Intelligenteres fällt ihm nicht ein, wenn er sie ansieht. In seinem Kopf schwimmen Sprechblasen: Ich Tarzan, du Jane. Ich dir nix tun. Du schön. Er kichert wieder nervös und fühlt, wie seine Hände schwitzig werden.
„Steht wohl auch auf meiner Stirn?" Sie lächelt jetzt ein Sündenfall-Lächeln.
„Tolle Unterhaltung", sagt er und sie grinsen sich an. „Wir könnten in einer Liveshow auftreten, so die Sorte: Sie kommen, sie labern Blabla, sie siegen trotzdem. Übrigens, wie heißt du?"
„Und du?"
„Wolf, der Böse. Wolf, the lonesome. Wooouuuhhh!"
„Ah! Einer von diesen Einzelgängern."
„Genau. Einsam und bissig. Und du? Immer im Rudel?"
„Kommt drauf an. Manchmal voll das Leben und manchmal haarscharf dran vorbei. Und wie heißt du gut bürgerlich?"
„Wolf. Hand aufs Herz, dass es stimmt."
„Passt irgendwie zu dir und irgendwie auch nicht."
„Das ist ein Widerspruch."
„Genau. Und trifft vielleicht auf dich zu?"
„Ah! Psychologin! Eine Sigmunde Freud!"

„Daneben. Übrigens heiß ich Julia."

„Passt genau zu dir. Julia und Romeo. Hat mein Auge Schöneres je gesehn? Die größte Lovestory aller Zeiten."

Sie lacht. „Danke."

„Aber lass das mit dem Dolch, wenn du den toten Romeo neben dir entdeckst. Du würdest glatt noch 'nen anderen finden, so wie du aussiehst."

„Der wär dann aber nur zweite Wahl."

„Also, ich zum Beispiel ... als Ersatzmann wär ich ..." Seine Stimme kippt. „Sorry! Ich bin im Moment nicht im Vollbesitz meiner diversen Kräfte."

„Dafür bist du aber trotzdem ganz witzig."

Arhausen, Endstation, kündigt die weibliche Automatenstimme in dem Moment an. Die Bahn hält und sie steigen aus.

Sie gehen an den Sportanlagen vorbei zur alten Schwimmhalle. *Planetarium* blinkt es neonrot und neongrün im Sekundentakt.

„Hier kommst du voll auf deine Kosten, seit Grappa die Scheiben auflegt", sagt sie.

„Dafür ist der Schuppen so ungefähr am A... der Welt", sagt er.

Wolf ist am A... der Welt gelandet und nagt noch am Jetlag und sogar am Hungertuch, denn niemand hat ihm was zu essen vorgesetzt: Wenn du Hunger hast, im Kühlschrank ist was.

Na schön. Selbstbedienung. Er ist zwar ein Gast mit ein paar Gastgeschenken im ramponierten Koffer, aber keiner behandelt ihn so. Er ist wirklich in der Wüste oder jedenfalls am Ende der Zivilisation angekommen. Und die Wesen, mit denen er die jetzt – in stockschwarzer Nacht – runtergekühlte Luft atmet, sind echte Wüstenbewohner. Immerhin hat ihm einer eine Decke übergelegt und ist dann wohl seiner Wege gezogen. Ein anderer schnarcht in der Hängematte.

Wolf hangelt sich aus dem Sessel, tastet sich bis zur Tür vor, stößt dabei an die Hängematte, die sich in Bewegung setzt. Das Kaninchen scheint schreckhaft zu sein. Es macht einen Hopser, dann erstarrt es wieder auf Bennys Bauch.

Gibt es hier Licht? Einen von diesen hochmodernen Wipp- oder wenigstens Drehschaltern, und dann blickt er durch? Mitternachtssonne aus der Steckdose, fließender elektrischer Strom.

Wolf hat sich bis in die Küche vorgetastet. Irgendwo links muss der Kühlschrank sein. Exakt. Er öffnet ihn und das kleine Glühlämpchen darin erhellt ihm den Weg zum Lichtschalter. Ein Druck mit dem Zeigefinger und alles wird ganz einfach und überschaubar.

Der Kühlschrank bietet eine reiche Auswahl, jedenfalls an Getränken und diesen chemisch erzeugten Lebensmitteln. Er entscheidet sich für ultrahocherhitzte Tütenmilch und eins von den in Folie eingeschweißten bleichen Sandwiches mit müdem Salatblatt und ziegelroter Wurst. Wonderful! Wenn man ein ausgehungerter Wüstenwolf ist.

Während er isst, macht er sich Gedanken, welche der drei Türen er gleich öffnen wird, um vielleicht ein Gastbett zu finden. Frisch bezogen, ein Schokoladenherzchen als Willkommensgruß auf dem Kopfkissen.

Hinter die mittlere Tür hatte sich vor Stunden dieser rote Wuschelkopf wieder zurückgezogen, der die beiden Fehltritte Benny und Dan hervorgebracht hat. Die also nicht.

Er versucht es mit der rechten. Eine Regalkammer, bis obenhin mit Dosen- und Plastikesswaren zugestellt. Damit ist alles klar, er muss die linke Tür nehmen. Und genau aus der tritt jetzt der Wuschelkopf mit den Jeans-Latzhosen, darunter ein T-Shirt der Marke *„Wasch mich einmal und wirf mich dann am besten weg“*. Barfuß und mit einem Gesichtsausdruck, der aus dem Staunen nicht rauskommt.

„Hi, Will."

„Woulf", hilft er nach. „Ich heiße Wolf Steinbach und soll eine Weile hier bleiben."

„Richtig. Und warum haben die Bengels dir nicht gezeigt, wo du schlafen kannst?"

„Tja ..." Eine so schwere Frage soll er beantworten! „Ich war ja in dem Sessel draußen schon ganz prima untergebracht."

Der Wuschelkopf lacht. Sympathisch. Sehr sympathisch!

„Hi, Woulf. Ich bin übrigens Judy. Willkommen bei uns. Hast du schon was gegessen?"

„Vorzüglich. Aus dem Selbstbedienungsladen." Er zeigt auf den Kühlschrank und sie lacht wieder.

Oh, Mann! Sie ist ... wundervoll! He, Wolf, halt dich zurück. Sie ist jetzt irgendwie deine Mom. Jedenfalls für die nächsten Monate. Denn dass er den Wüstenknast hier absitzen wird, steht ab sofort fest. Obwohl er Judy wahrscheinlich nur hin und wieder begegnen wird, rein zufällig, zum Beispiel nachts auf dem Weg zum Kühlschrank.

„Und wo willst du nun schlafen?"

Also das fragt sie jetzt *ihn!* Und *wie* sie das fragt. Mit einem Lächeln, das nicht mal Julia Roberts draufhat. Jedenfalls nicht aus dem Stegreif. Er würde jetzt am liebsten *„Bei dir!"* darauf antworten.

„Na ja, ich könnte die beiden Sessel draußen zusammenschieben. Das wär ganz komfortabel. Und viel Frischluft."

„Fein. Benny schläft auch manchmal draußen. Aber nimm dir noch ein paar Decken aus der Sitzbank. Nachts wird es ziemlich kühl. Dein Zimmer ist übrigens die dritte Tür links draußen im Flur, wenn du lieber im Bett schlafen willst."

Und dann küsst sie ihn auf die Wange. „Bye, Woulf. Sweet dreams, dear." Dabei lächelt sie wie der Engel Gabriel bei der Verkündigung der großen Freude und entschwindet. Diesmal durch die Mitteltür. Er wartet einen Augenblick.

Kommt sie wieder raus? Hoppla, kleiner Irrtum? Und lächelt ihm noch mal was aus ihrem Repertoire vor?
Nein. Es hat wohl alles seine Richtigkeit. Er geht wieder auf die Veranda raus, nimmt die Decke vom Sessel, hebt das Kaninchen hoch und legt sie Benny noch über. Dann lädt er das Kaninchen wieder auf Bennys Bauch ab, geht rein und öffnet die linke Tür, aus der Judy vorhin gekommen ist. Ein Flur! Dritte Tür links, hat sie gesagt.
Ein kleines Zimmer, mit dem Notwendigsten möbliert. Er streift die Schuhe ab, lässt sich auf das frisch bezogene Bett fallen und zieht die Decke über den Kopf. Sweet dreams! Dann schläft er fest und traumlos, bis die Mittagshitze ihn hochtreibt.

Wolf steht mit Julia am Tresen der Disko. „Was ist da drin?“, fragt sie und tippt auf das Glas, das er ihr hinhält.
„Wolfs Milch, du wirst davon garantiert süchtig.“
Sie lacht. „Du bist wohl sehr von deiner magischen Ausstrahlung überzeugt, was?“
„Ich kann dich auch verstrahlen. Wetten?“
„Bist du high? Irgendwas intus?“
„Hm. E. Und ...“
„Du machst es spannend.“
„... und andere Übeltäter.“
„Was ist mit dir los?“
„Der einsame Wolf ist losgelassen. Vater, Mutter, gute Geister, lieber Gott, alle abwesend. Voll das Schicksal. Da wird er eben bissig.“
„He, lass uns mal an die Luft gehen. Du scheinst ziemlich fertig zu sein.“
„Stimmt. Bin extrem k.o. Herzflimmern. Schweißausbrüche.“
„Liebeskummer? Oder spielst du jetzt Theater? Postmoderner Hamlet?“

„Hab Talent, nicht? Neunzehn plus x."
„Du solltest vielleicht einen Schlüsselroman schreiben."
„Klar, mach ich. Einen Roman über Mathe und Sport."
„Nobelpreisverdächtige Thematik."
„Zwei parallel laufende Läufer ..."
„Interessanter Einstieg."
„Experten für *sehr* lange Strecken ... Treffen sich?"
„Alles klar. Schnittpunkt im Unendlichen. Wird bestimmt ein Bestseller."
„Glaubst du an ein Leben nach dem Crash?"
„Du sprichst wieder in Rätseln. Übrigens wolltest du doch deinen Freund hier treffen. Wo ist er denn?"
„Ja, wo ist der bloß?"

Sie stehen zu dritt an der Bar und trinken was, als Laura dazukommt. „Hallo Freunde." Sie küsst Wolf und Felix flüchtig auf die Wange.
„Und du?" Dabei sieht sie Julia abschätzend an und hebt die Augenbrauen.
„Möchtest du jetzt wissen, mit wem von den beiden ich hier bin? Oder willst du mich auch küssen?" Julia hält ihr die Wange hin.
„Vielleicht genügt es erst mal, wenn wir uns vorstellen. Mit wem du hier bist, wird sich wahrscheinlich gleich zeigen. Ich bin übrigens Laura und vorläufig solo hier."
Es tut sich nichts mehr bei Wolf, wenn er Laura trifft. Sie haben ein paar Mal miteinander geschlafen. Bevor er nach Amerika flog. Er war damals in sie verknallt. Oder? Seit Shandy ist er sich nicht mehr sicher. Beide hatten sie null Erfahrung gehabt. Beim ersten Mal war es kein toller Abflug gewesen. Auf jeden Fall mit Kondom, darauf hatte Laura bestanden. Ich brauch kein Kind und auch kein Aids. Schließlich kann man nie wissen. So viel Nüchternheit hatte ihn erst mal ziemlich abgetörnt. Später hatten sie dann

doch richtig schöne Gefühle dabei gehabt. Auch mit Kondom.

Er hatte sie zweimal aus Amerika angerufen. Doch dann war Shandy dazwischengeraten. Und nachher war es aus.

Shandy. Er muss ihre Adresse herausbekommen.

Ich muss sie finden!

Und dann?

Wenn sie's mir angedreht hat, dann werd ich ...

... sie umbringen, was? Rüberfliegen, Waffe besorgen, sie suchen und wumm! Herzschuss!

Du Idiot! Du kompletter Idiot! Wieder auf der Suche nach Schuldigen?

Und wenn alles anders gelaufen wär? Wenn Dan nicht zurückgefahren wär ins Wüstenloch? Dieses verdammte Rabbit von Benny ...

Warum er! Warum ... ja, warum nicht Dan? Oh, Dan, poor boy. Tut mir so Leid für dich. Aber du weißt, ich bleib dein Freund. Du kannst auf mich zählen. Bis zum Schluss.

Hör auf! Spinn nicht rum! Es hat dich nicht erwischt. Du hast Glück. Die Wahrscheinlichkeit dafür ist riesig. Einmal nur. Ganz normaler Sex.

Aber wenn?

Relax! Klar, du hast jetzt eine Scheißangst. Du bist jetzt ziemlich durch den Wind.

Aber wenn???

Dann hast du vielleicht trotzdem Glück. Lange Latenzphase. Es bricht nicht aus. Und irgendwann haben sie den Impfstoff. Oder das Medikament, das Aids heilt. Sie forschen dran. Fieberhaft.

Und wenn's anders kommt? Und du musst dran sterben?

Du stirbst doch in jedem Fall! Spätestens mit achtzig und an Prostatakrebs.

Oder mit fünfundzwanzig? Kaposi-Sarkom und die anderen Scheußlichkeiten?

Dann stirbst du in Z-e-i-t-l-u-p-e!

Tag für Tag!
Organ für Organ!
Zusammenbruch des Immunsystems!
Aus. Aus und vorbei!
Bio-Schöller: Die Körperflüssigkeiten, meine Herrschaften! Die Säfte des Lebens haben es in sich. Tränenwasser und Rotz und Spucke: keine Gefahr. Urin? Höchst unwahrscheinlich. Die Scheidenflüssigkeit: Sie sollten sich schützen. Blut und Samen, dort wo das Leben pulsiert: Hüten oder *behüten* Sie sich da!
„Wie das Leben so spielt", sagt Wolf, nestelt an Julias Haar und rollt eine Strähne um seinen Finger.
Sie hält still. „Hat das jetzt wieder tiefere Bedeutung?"
„Genau. Alles Untiefen da. Im Leben. Betreten auf eigene Gefahr. Aber im Ernst ... also, im Ernst, das Leben spielt einem manchmal übel mit."
„Weil *du* manchmal mit dem Leben spielst? So ein Draufgänger vielleicht?"
„Seh ich so aus?"
„Nein. Eher wie ein stilles Wasser, das tief betrübt ist."

Sie tanzen im Kreis, haben die Arme umeinander gelegt, die Köpfe dicht beieinander, Laura, Felix, Julia, Wolf. Toller Cosmic-Sound mit Echohall-Effekten. Wolf ist jetzt ziemlich high. Stell dir vor, du wirst nicht fett, verkalkst nicht, kriegst kein Alzheimer, keine Depressionen, weil du fünfzig wirst und 'ne Glatze hast. Du bist sogar mächtiger als der amerikanische Präsident. Na ja, der hat den Code für das kollektive Finale. Seine Pershings. Aber du stehst auch nicht schlecht da. Was dir so in den Adern und sonst wo rauscht, ist mindestens so potent wie 'ne Kalaschnikow. Bis nichts mehr geht.
Wie geht's uns heute, Wolf Steinbach? Ihre T-Helferzellen machen sich gut, unsere Aufbaukur zeigt Früchte. Jetzt

haben sie – pi mal übern Daumen gepeilt – mindestens noch drei Monate passable Lebensqualität.

„Naaaaaaaiiiinnn! Naaaaaaaiiiinnn!“

„He, was ist mit dir los? Oh, Mist! Was hast du verdammt noch mal geschluckt? Mann, komm runter!“ Felix will Wolf von der Tanzfläche ziehen, aber der macht sich los.

„Bin schon da. ’ne gestörte Frequenz. Aus dem Eurhythmus gekommen.“

„Du siehst total fertig aus.“

„Danke für das Kompliment, zauberhafte Julia. Romeo hat nur etwas Gift in den Adern.“

„Eher ziemlich viel Gift, scheint mir. Wär vielleicht besser, wenn du’s ausschlafen würdest. Bei dir zu Hause. In deinem Bett.“

„Mütterlein.“

„Dummer Junge. Wir nehmen jetzt alle ein Taxi und dich in die Mitte und dann übergeben wir dich deiner leiblichen Mama.“

„Bin heute Vollwaise. Aber okay, fliegen wir ab.“

„Jedes Wochenende dasselbe. Was ist los mit euch Kids? Ewig zugedröhnt. Na ja, könnt ihr euch wohl leisten. Die Brötchen haben wir Alten ja schon für euch verdient.“

Felix, der neben dem Fahrer sitzt, dreht sich zu den andern um. „Wieder ’n Vollakademiker am Steuer. Forschungsfeld: die Jugend von heute mit den Eltern von gestern.“ Hinten wird gelacht.

„Jedenfalls bin ich nicht Frührentner wie ihr.“

„Bitte keinen Sozialneid, ja?“, sagt Felix sanft und legt die Hand auf den Arm des Fahrers. Der schüttelt sie ab. „Ich kann euch auch rausschmeißen.“

„Sehr freundlich von Ihnen. Aber wir sind leider gleich da. Würden Sie bitte fünfzig Meter hinter dem Kiosk anhalten, wir belieben von selbst auszusteigen.“

„Rotzlümmel.“
„Wären Sie trotzdem so nett, den Fahrpreis zu kassieren?“ Felix hält dem Fahrer einen Schein hin. Laura und Julia helfen Wolf aus dem Wagen und stützen ihn.
„Der Mai, der Mai, der lustige Mai“, brabbelt Wolf vor sich hin. „Noch ’n bisschen Party? Alles sturmfrei“, lädt er sie ein.
„Wir bringen dich jetzt in dein Bettchen und dann schaun wir mal, Kamerad.“ Felix sucht in Wolfs Hosentasche und findet den Schlüssel. Sie nehmen den Fahrstuhl. Felix öffnet und sie bringen Wolf zur Couch ins Wohnzimmer.
Wolf sinkt gleich um. Julia legt ihm die Wolldecke über.
„Mütterlein.“ Er hält ihr Handgelenk fest. Aber dann rutscht sein Arm runter und er sackt weg.

„Es gibt zwei Grundwahrheiten. Erstens: Männer sind klüger als Frauen. Zweitens: Die Erde ist eine Scheibe. Jetzt bist du wieder dran, Wolfy.“
Dan grinst zu Wolf rüber und wirft ihm eine Dose Bier zu.
„Mega-out. Stand bei uns schon auf jeder Postkarte.“
„Logisch, bei euch sind die Entfernungen nicht so groß. Da sprechen sich neue Trends eben schneller rum. Weißt du noch ’n Spruch? Sonst lass uns die Zeit irgendwie anders rumbringen.“
„Klar. Gibt hier ja uferlose Möglichkeiten. Hundertzwei Fahrenheit und viel tote Gegend. Die reinste Sommerfrische. Alternativ dazu achtzig Programme in der Flimmerkiste.“
„Schach und Büchsenschießen nicht zu vergessen. Du bist der Erste, der sich richtig wohl bei uns fühlt. Die andern haben immer ziemlich schnell die Landschaft gewechselt. Wieder nach Hause zu ihrer Mom oder wenigstens Richtung Beverly Hills. Gepflegte Atmosphäre unter Palmen, Meeresrauschen als akustische Kulisse. Du frühstückst

immerhin schon länger als sechs Wochen mit uns Cornflakes und Wüstenstaub."

„Wieso gebt ihr es eigentlich nicht auf, die dauervakante Stelle als Austauschschüler immer wieder neu auszuschreiben?"

„Dann käm der Fremdenverkehr hier doch ganz zum Erliegen. So bleibt unsere Gegend wenigstens im Gespräch. Die High School von R.? Echt das Letzte. Total abartig. Da müsst ihr einfach mal gewesen sein, Leute."

„Und warum landen die Versuchskaninchen alle bei den Chambers im absolut toten Winkel?"

„Taktik. Weil ihnen hier erst mal der Fluchtweg abgeschnitten ist. Fünf Meilen bis zum nächsten Bus Stop. Aber lass uns jetzt einen draufmachen. Die Wüste lebt, auch wenn's heute nicht so aussieht. Kein Windchen. Und die paar Kojoten heulen auch erst nachts."

Sie fahren im offenen Buick Richtung R., das Tape bis zum Anschlag aufgedreht. Die Boxen klirren. *Ain't no people on the old dirt road.* Der Tag driftet ab. Die Sonne schwebt wie eine dicke Orange am Himmel.

„Halt an, ich muss mal kurz die Gegend bewässern." Wolf steigt aus, stellt sich an den Straßenrand und pinkelt. „Wie auf 'ner Freilichtbühne. Nicht mal 'n schützender Baum. Das würde jeden Hund moralisch runterziehen."

In den Straßen von R. staut sich die Hitze. Sie parken den Wagen und trinken eine Cola in Fats' Bar. Der Laden ist voll. Alle sind zum Abendschoppen gekommen. Er hat die perfekte Klimaanlage und zieht Palmen in Kübeln, Grün ist hier schließlich eine Rarität fürs Auge. Es kommt hier für gewöhnlich nur aus der Farb-Spraydose, abgesehen von den paar Kakteen. Und die sind grau. Staubgrau.

Ein paar Leute von der High-School sind auch bei Fats. „Kommt ihr mit auf die Piste nach Santa C.? Volles Rohr!" Die Rennen laufen immer nachts. Dann gibt es kaum Patrouillen.

Dan und Wolf rasen mit den andern auf dem Freeway entlang. Der alte Buick flattert. Die Lichter am Armaturenbrett spiegeln sich in der Windschutzscheibe. Dan hält das Steuer fest in den Händen und tritt das Gaspedal durch. Sie schieben sich dicht an den beiden anderen Wagen vorbei. Um Haaresbreite ein Flankencrash. Dan grinst zu Brian rüber, der am Steuer des frisierten Ford sitzt. V! Victory!
„We're the champions."
„We're the devils."
„We're the glory of creation."
„Crying flying dying."
Oh, Mann, Wolf Steinbach, was hast du hier verloren? Warum spielst du mit deinem Leben?

Als Wolf aufwacht, spürt er die Beklemmung in seiner Brust. Er versucht sich zu erinnern, doch die Gedankenfetzen tauchen wieder weg. Aber diese Mauer schwarzer Angst wird gleich auf ihn einstürzen. Er will wieder wegdriften. Doch er kann sich nicht mehr gegen sie wehren, die Angst wird konkret: HIV-infiziert, Aids. Sein Herz beginnt zu rasen. Sein Atem geht hastig.
Er setzt sich auf. Ihm ist schlecht.
Alles ist wieder da. Der Brief. Die Stunden danach, die Angst kam in Wellen. Dann die Nacht im *Planetarium*. Er war auf diesem heftigen Trip gewesen.
Wie ist er nach Hause gekommen?
Der Schweiß klebt ihm am Körper, das Kissen ist feucht. Trotzdem friert er. Nachtschweiß. Schüttelfrost. Erste Symptome?
Unsinn. Bis vorgestern war er noch vollkommen okay. Absolut in Form. So was kommt nicht über Nacht. Nur irgendwelche Stresshormone, die er ausschwitzt. Seine Nerven. Sie liegen blank!

Da hört er, wie der Schlüssel im Schloss gedreht wird. Die Wohnungstür wird aufgestoßen. Schritte.
„Hallo, Wolf, wie geht's dir?" Dieses Mädchen steht in der Tür, das Gesicht gerahmt von dem Kraushaar, das ihren Kopf wie ein schwarzer Heiligenschein umgibt. Ihre Augen in dem hellen Wasserfarbengrün und diesen Touch zu weit auseinander.
„Julia?"
Wieso ist sie hier? Was war nach der Disko noch gewesen? Ach ja, er liegt auf der Couch. Sie haben ihn hier abgeladen. Er muss gleich umgefallen sein. Jemand hat ihm Schuhe und Hose abgestreift. Julia?
Und wo sind Felix und Laura? Sind sie auch noch da? Er erinnert sich. Er hatte ihre Stimmen gehört, weit weg.
Der Brief? Er liegt noch auf dem Tisch. Im Umschlag. Wenn sie ihn gelesen haben?
Nein, Julia weiß nichts. Sonst würde sie jetzt nicht so locker da in der Tür stehen: Hallo, Wolf, wie geht's dir?
Wie sonst? Mitleid im Blick? Ach, der Arme! Und auch ein bisschen neugierig: Das also! HIV! Schließlich ist das nicht so alltäglich wie Schnupfen und Husten. Was geht hinter ihrer Stirn vor? Vielleicht hab ich verdammtes Glück gehabt, dass er gestern total stoned war? Es hätte ja was passieren können. Klar, nur mit Präser. Aber wer weiß? Ist so ein Ding denn wirklich bombensicher?
Bomben-sicher. Er kichert zwanghaft.
„Bist du wieder okay?"
Ja, sie schaut wirklich besorgt. Auf Abstand. Bleibt vorsichtshalber in der Tür stehen. Der Brief gibt ja nicht viel Aufschluss. Ein Mädchen hat's ihm verpasst. Shandy. Er ist also nicht schwul. Bi? Mal sehen, ob er von selbst was aus dem Sack lässt.
Wieder steigt das hysterische Kichern in ihm auf. Aus dem Sack lässt, aus dem Sack lässt, aus dem Sack ...
Sie unterbricht den Kreisel in seinem Kopf: „Wenn du 'n

starken Kaffee brauchst und frische Brötchen, dann lad ich dich in fünf Minuten dazu ein. Vielleicht kannst du bis dahin geduscht haben? Dritte Tür links.“ Sie lächelt und ist sehr, sehr schön! Julia, zieh jetzt deine Pistole und ziel auf mein Herz, faselt sein Hirn und er kichert, ohne dass er’s stoppen kann.

„In Schönheit sterben“, sagt er und hängt sich in ihre Augen rein.

„He, du bist hoffentlich von deinem Trip runter? Letzte Nacht hast du wirklich wie ’n Abflieger ausgesehen.“ Sie zieht die Augenbrauen hoch, auf ihrer Stirn erscheint eine ernsthafte Fragefalte.

Nein, den Brief hat sie nicht gelesen. Sie weiß nichts von dem Horrortrip, auf dem er seit gestern ist. Sie steht da, lächelt zögernd und ist wohl wirklich etwas besorgt. Er spürt ihre Schönheit wie einen Schmerz, der hinter seinem Brustbein wühlt. Er muss sie dauernd ansehen.

Jetzt erst fällt ihm auf, dass sie Lydias Jogginghose und ein T-Shirt von ihm anhat. In der Hand hält sie eine Tüte. Die frischen Brötchen. „Ich glaub, ich hab letzte Nacht noch einiges verpasst“, sagt er.

„Ich glaub nicht. Viel ist nicht mehr gelaufen. Deine Freunde haben sich vor Schreck noch aus der Kognakflasche bedient.“

„Vor Schreck?“ Sie weiß es!

„Na so, wie du drauf gewesen bist.“

„Und dann?“

„Haben wir auf dich aufgepasst, bis du fest eingeschlafen bist. Damit war die Party vorbei. Wir wollten dich nicht allein lassen, deshalb hab ich hier übernachtet. In deinem Zimmer. Die beiden haben sich ein Taxi bestellt.

„Wohin?“

„Keine Ahnung. Zu ihr oder zu ihm.“

Sie verschwindet in die Küche und er geht ins Bad. Nach der Dusche fühlt er sich besser. Er rasiert sich vor dem

Spiegel. Die Tür steht einen Spalt offen und er hört sie in der Küche hantieren. Sie ist ein seltsames Mädchen. Bewegt sich total frei, als wär sie hier zu Hause. Und wie sie ihn gestern in der Bahn angemacht hat! Hat sie doch oder sieht er das falsch? Was ist mir ihr? Würde sie's mit jedem gleich tun? Ist sie *so* eine? Von der man's *auch* kriegen könnte? So eine wie Shandy?

Nein verdammt! Hör auf! Du weißt, wie's mit Shandy gelaufen ist.

Sie sitzt schon am Küchentisch, als er reinkommt, und blättert in einer von Lydias Modezeitschriften.

„Setz dich", lädt sie ihn wie einen Gast ein und klappt das Glanzlack-Journal zu.

„Und du?", sagt er, ohne was Bestimmtes zu meinen, so ins Blaue.

„Und ich?", erwidert sie gedehnt und zieht die Stirn fragend kraus. Das Wasserfarbengrün ihrer Augen ist dabei ganz intensiv.

„Bist du schon in festen Händen? Und so?", versucht er's noch mal. Ist sie! So wie sie aussieht, ist sie bestimmt nicht solo. Warum will er's wissen?

„Ich mag diese fest zugenagelten Beziehungskisten nicht."

„Aha. Dann das Wechsel-dich-Spiel?"

„Wär das für dich die einzige Alternative?"

„Zölibat vielleicht? Oder lieb dich selbst?"

„Manchmal besser als in einer Zwangsjacke zu zweit. Und was ist mit dir?"

„In Sachen L.?"

„Genau. In Sachen Liebe."

„Ich liebe das Universum. Einfach alles, verstehst du."

„Ja. Und besonders E, was? Drückst du auch?"

„Oh, Mann, die Inquisition!"

Sie lacht wieder. Dann fängt sie seinen Blick ein und er kann da nicht raus. „Du scheinst ein Problem zu haben."

„Wär nett, wenn du mir deine Visitenkarte gibst. Lebensberatungsbüro von Julia Schööön. Ein bisschen Therapie könnte ich schon brauchen." Weiß sie es doch? Sie hat den Brief gelesen und jetzt wartet sie auf sein Coming-out: Ich hab's.

Er hat erwartet, dass sie sein Blabla witzig findet. Aber sie lacht nicht drüber. Stattdessen sagt sie: „Nach diesem gemütlichen Frühstück lass ich dich jetzt mit dem Universum allein, okay?"

„Sauer?", fragt er unsicher.

„Nein. Aber für eine flüchtige S-Bahn-Bekanntschaft haben wir schon jede Menge Zeit zusammen verbracht."

Sie darf nicht gehen! Wenn sie geht, dann kommt dieses Ding wieder auf ihn zu. Diese Walze überrollt ihn. Schwarze Angst. „Hallo, Julia, aus dem Geschlecht der Capulet", sagt er bittend, obwohl es scherzhaft klingen soll. Er fühlt ein hilfloses Lächeln auf seinem Gesicht.

Sie lächelt zurück. Warum ist sie so schön? Warum sieht sie nicht einfach durchschnittlich solide aus, nur ein lieber Kumpel, damit er sagen kann: Bleib hier. Lass mich jetzt nicht hängen. Ich sauf sonst ab. Ich brauch dich. Dringend.

„Bis dann, einsamer Wolf. Die geborgten Sachen kriegst du natürlich zurück. Ich hab meinen Mantel gestern im Taxi vergessen, und für den Lurex-Mini ist es noch zu früh und zu frisch draußen. Vielleicht sieht man sich ja bald mal wieder? Zum Beispiel im *Planetarium?*"

„Wär toll, wenn wir uns mal wieder kreuzen würden." Er kann das zwanghafte Kichern nicht unterdrücken. „Deine Telefonnummer wär dabei sehr hilfreich."

Sie lächelt ihn wieder auf Herzsprung-Art an, kramt aus ihrem Beutel einen Lippenstift raus und schreibt ihm die Nummer in die Handfläche.

„Ciao, Wolf."

„Ciao, Julia. Und ... ich hätte noch 'n Haufen T-Shirts zum Wechseln für dich."

„Du bist ... ganz nett.“ Sie küsst ihn auf die Wange. Dann geht sie.

Julia. Den Nachnamen weiß er nicht. Er trägt ihre Nummer unter J ein, 305645. Mit 30 fangen die Nummern in Waltmershausen an. Im Norden der Stadt. Wohnt sie allein? Bei ihren Eltern? Vielleicht in einer WG? Sie kann noch nicht zu Hause sein. Er wählt. Nach dem dritten Klingeln springt der Anrufbeantworter an. „Versucht's einfach mehrmals, Leute. Irgendwann bin ich wieder zurück. Und sagt was Nettes nach dem Piepton.“ Ihre Stimme. Kein Name. Er legt auf.

Dass er ihre Telefonnummer hat, beruhigt diese hämmernde Angstmaschine in ihm etwas. Wieso? Notruf? Will er sich an sie klammern? Er kennt sie ja kaum. Was will er dann? Er will sie einfach nur ansehen. Das lenkt ihn ab. Dann muss er nicht denken.

Julia, du bist schön.

Ach ja? Danke.

Du bist sehr schön.

Fein. Sonst noch was?

Du scheinst ein Problem zu haben, hat sie gesagt. Und er hat nur geblödelt. Hätte er sagen sollen: Halt mich, Julia, bis ich weiß, ob ich im Leben drin bleib oder aus ihm rausflieg? Ich hab geglaubt ein Mädchen zu lieben. Mit Leib und Seele und Haut und Haar. Und kein Signal vom Hirn: Stopp! Du setzt dein Leben aufs Spiel. Du liebst dich gerade zu Tode.

Birdy, verlieb dich nicht in mich, hatte Shandy gesagt.

Love you to the limit, Shandy.

Da ist Steve, Birdy. Mit ihm will ich leben. Ich lieb nur ihn.

Was nehm ich ihm denn weg?, hatte er gebettelt.

Ich nehm ihm was, Birdy. Er vertraut mir.

Jetzt ist jetzt, Shandy.

Und sie hatte ihm schließlich nachgegeben.

Oh, Shandy, wir fliegen!

Dann war sie fort. Bye, Birdy. Grüß Dan. War schön mit euch. Aber jetzt nehm ich den Highway zu Steve.

Später war er mit Dan über die Golden Gate Bridge gelaufen. Barfuß. Brennende Füße gegen brennende Liebe, hatte Dan melancholisch gesagt. Wir werden sie nie vergessen, Wolfy.

Sag nie *nie*, Dan.

Okay, dann werden wir sie eben so lange nicht vergessen, bis wir sie vergessen haben.

Shandy, das war vernarbt. Jedenfalls bei ihm. Bis gestern. Er war zurückgekommen und hatte für die Schule gepaukt. Den gesamten Stoff nachgebüffelt, Arbeitstherapie. Manchmal war da noch ein Stich, ein Ziehen Richtung Herz gewesen. Zum Beispiel, wenn er mit Dan telefoniert hatte. Dann auch das nicht mehr. Nur eine schöne Erinnerung. Bis gestern.

Shandy oder das Leben? Nicht eine Sekunde hatte er an Aids gedacht, als sie sich geliebt hatten. Mit ihr war es anders gewesen als mit Laura. Nur dieses Wahnsinnsgefühl. Sein Kopf war total ausgeschaltet.

Nein, er hatte gar keine Chance gehabt zu entscheiden. Und jetzt? Für einen kurzen Augenblick in den Lüften hat er sein Leben getauscht?

Er hasst sie! Warum hat sie ihm nachgegeben? Sie hat ihn doch nicht geliebt!! *Sie* hätte den klaren Kopf behalten müssen. Wie Laura: Nicht ohne Kondom!

Jetzt halt mal die Luft an, mein Lieber. Du wälzt die Verantwortung einfach auf sie ab? Sie hat dich ja nicht geliebt! Und ihren Steve betrogen. Du selbst willst für dich einen Freispruch, weil *du* sie schließlich geliebt hast? Ganz nebenbei: Hast du sie wirklich geliebt?

Ja doch! Damals schon. Jedenfalls war ich verliebt. Aber die Zeit! Sie schafft neue Tatsachen.

Deine Zeit hat ein ziemlich kurzes Gedächtnis. Vor neun Monaten: Love you to the limit. Ich würde auf der Stelle mit dir sterben, Shandy. Und jetzt?

Ja, verdammt! Ja! Ja! Ja! Ich bin wütend auf sie. Wenn ich damals, genau in *dem* Augenblick gestorben wär, mitten im Rausch! Aber jetzt? Und so? Jetzt hasse ich sie!

Und wenn ich einen Wahnsinns-Dusel hab? HIV-negativ, Wolf! Das ist noch mal gut gegangen. Dann setz ich mein Leben nie mehr für ein Augenblicksgefühl aufs Spiel.

Und sie? Für sie gibt es kein *Dann* mehr. Scheißegoist. Nervenbündel. Jammerlappen.

Wieso? Wieso verdammt noch mal? Meine Haut ist mir am nächsten! Das ist doch normal!

Ja. Und das wird absolut hart, wenn du dran bist. *Deine* Haut. Wenn du wirklich dran bist! Aber sie *ist* dran! Kannst du dir das vorstellen? Stell es dir vor! Stell dir vor, wie *sie* sich fühlt! Beschissen. *Mir geht's so beschissen!*

Mir auch! Die Ungewissheit ist das Schlimmste. Mitleid mit ihr? Später. In einer Woche. Wenn ich weiß, dass ich Dusel hatte. Dann hab ich Platz fürs Mitleid. Jede Menge! Servus!

Egoist. Mieser Typ.

Ich weiß. Aber das ist mir im Moment egal. Ziemlich egal ist mir das im Moment, ja?

Er trinkt in der Küche noch einen Kaffee. Mit den Augen folgt er dem Zeiger der Uhr an der Wand. Die Minuten rinnen zäh und schaukeln die Angst wieder hoch.

Schließlich nimmt er die Schlüssel, zieht die Jacke über und schlägt die Wohnungstür zu. Dann holt er den Golf aus der Tiefgarage. Ziellos fährt er durch die Straßen. Wohin? *Willste ins Jrüne, Wölfken? Bei soon Tach lohnt et sich, wa?* Parterre-Friedmann hat Glück gehabt damals im Krieg. *Hab 'n Kopp einjezogen beim Russen und die Kugeln sin*

drüber wegjepfiffen über mein Kopp. Jetzt guckt er vom Fenster aus dem Leben zu und macht Smalltalk. Aids? Kriegen das nicht die, *die annersrum sind?*
Leben in Zeiten von Aids. Wahrscheinlich auch schon ein Buchtitel. Noch schnell eine Autobiografie schreiben, bevor es so weit ist.
Lies mal das Buch von diesem Wolf Steinbach: *Ich hab Aids besiegt.* Echt stark.
– Klar. Nur, dass der jetzt auch tot ist.
– Schon. Aber das mit dem Besiegen ist eigentlich nicht wörtlich zu verstehen. Der hat damit nicht das platte Dasein gemeint. Nur die Materie, den Körper. Mehr das Psychologische und Philosophische. Mit den Fakten cool umgehen lernen. Fertig werden mit der Diagnose. Nicht durchdrehen. Gelassenheit. Den Tod akzeptieren. Der Tod gehört schließlich mit zum Leben.
Der hat sich doch auch nur was vorgemacht.
– Nee, der nicht! Okay, nicht jeder packt das so wie er. Aber dem, dem glaubt man's. Total überzeugend. Total stark. Wirklich authentisch.

Wolf schiebt die Kassette mit *Guns 'n Roses* ein. Er dreht bis zum Anschlag auf. Fehlt nur, dass er sich gleich schon auf seiner eigenen Beerdigung sieht. Und wieder anfängt zu flennen.
Er fährt zum dritten Mal über die Rheinsbergbrücke. Das Rumgekurve bringt nichts. Er muss nach Lenzheide rausfahren. Zu seinem Vater. Er muss mit ihm sprechen. Sein Vater wird sofort was unternehmen. Sich ans Telefon hängen. Vielleicht gibt es ein Labor, das den Test auch am Wochenende macht. Er kennt eine Menge Leute durch seinen Beruf. Auch Ärzte drunter, für die er die Steuern macht.
Gibt es inzwischen so einen Quick-Test? Und man kriegt das Ergebnis gleich mitgeteilt? Vielleicht nicht mit hundert-

prozentiger Sicherheit. Nur 95 % oder so. Das ist so gut wie sicher. Sie sind quasi nicht infiziert, Herr Steinbach. 95 % sprechen dagegen. Und er ist die Angst los. Das Restrisiko von 5 %? Das wird er aushalten. Bis er das genaue Ergebnis hat.

Lenzheide, Rosenweg 11. Wolf parkt ein und geht durch den Garten zum Bungalow hoch. Er zögert einen Moment, dann klingelt er. Ruth kommt an die Tür und freut sich. „Hallo, Wolf. Schön, dass du da bist. Komm rein." Sie gibt ihm einen Kuss auf die Wange. „Es ist Wolf", ruft sie nach hinten.

Sie gehen ins Haus. Sein Vater hantiert im Wintergarten auf der Leiter. „Grüß dich. Ich hab vorhin noch mal bei dir angerufen. Du bist wohl sehr beschäftigt, was? Außerhalb. Nicht unbedingt fürs Abi?"

„Entspannungsübungen. Das Abi hab ich schon so gut wie in der Tasche." Wolf versucht auch den Lockerton. Nein, das hier wird schief gehen. Er kann es seinem Vater nicht sagen. Warum ist er dann überhaupt hierher gefahren? Weil er es mit sich nicht aushält. Doch mit den beiden wahrscheinlich auch nicht. Dabei mag er sie. Beide. Auch Ruth. Obwohl Philip sich ihretwegen von Lydia getrennt hat.

Ruth ist anders als seine Mutter. Man sieht ihr die Karrierefrau nicht gleich an. Trotzdem ist sie erfolgreich. Steinbach & Granitz: Philip und Ruth sind auch beruflich Partner. Und sonst? Das ideale Paar. Sie ist mollig, griffig, hübsch und warmherzig. Das perfekte Kompaktpaket für ihn, sagt Lydia mit diesem kleinen spöttischen Unterton. Aber sie kommen alle gut miteinander aus.

„Das richtige Wetter, um den Garten in Schwung zu bringen", sagt sein Vater. „Ich wollte dich dazu einladen. Du könntest die Hecken schneiden."

„Hab schon anders disponiert. Zehnkilometerspurt durch den Hasengraben."

„Na schön. Lass der Jugend ihren Lauf", scherzt er.

Er hat jetzt den Haken unter der Decke im Wintergarten befestigt und hängt die rankende Grünpflanze daran.
„Aber zum Essen bleibst du doch? Es gibt Backhähnchen“, sagt Ruth.
„Okay. Hähnchen ist besser als Döner am Kiosk.“
Sie gehen in die Küche rüber. Die beiden fragen nach bevorstehenden Klausuren und Wolf antwortet mechanisch.
„Es bleibt nach dem Abi beim Sportstudium?“
„Wenn nichts dazwischenkommt“, antwortet Wolf lapidar.
„Dann brauchen wir wohl nicht mehr damit zu rechnen, dass du mal unser Mitarbeiter wirst.“
„Man soll nie *nie* sagen. Bei Berufssportlern kann alles passieren. Verletzung. Doping. Und du bist weg vom Fenster.“
Sein Vater lacht. „Du machst uns also noch Hoffnung?“
„Das nun nicht gerade. Was ist denn mit Susanne?“
„Auch kein Interesse“, sagt Ruth. „Sie macht diesen Animationsjob in so einem Ferienclub auf Kreta. Und wie's aussieht, gibt's da noch was anderes. Die große Liebe, Mütterlein, hat sie am Telefon gesagt.“
„Tja, so was gibt's.“
Nein, hier zieht sich die Zeit zäh an dem harmlosen Plausch entlang. Er muss wieder los.
„Apropos Liebe. Ich hab da noch was vergessen. Das dritte Hähnchen kann wieder in die Kühltruhe.“

Liebe, so was verstehen die beiden. Klar, Wolf. Gebongt. Soll er mitten in ihre schöne Harmonie rein die Bombe platzen lassen? Ich bin vielleicht infiziert. Und sein Vater muss seine Arztkunden am Samstag durchtelefonieren. Bitte, sofort einen HIV-Test. Mein Sohn ...
Nein. Die beiden wollen ja ihren Garten in Schwung bringen. Wochenend und Sonnenschein.
Aber das ist nicht der wahre Grund. Er kann es nicht sagen. Er *kann* nicht.

Ruth und Philip verabschieden ihn freundlich verständnisvoll: „Mach's dir nett!“ Dann steht er draußen in diesem blauen Maisamstag.

Wohin jetzt?

Wie schön leuchtet mir die Natur ....

Frühling lässt sein blaues Band ...

Laufen! Heute bis ans Limit gehen!

Frühling, Sommer, Herbst, Winter. Die Erde dreht sich. Noch Millionen Jahre! Auch ohne ihn!

„Und sie dreht sich doch“, sagt Dan und meint damit nicht Galilei und die rotierende Erde, sondern die Scheibe auf dem CD-Player mit Anti-Schock, den sie gerade in den Buick reingebastelt haben *When the crowds are gone* dröhnt es in den heißen Wüstenabend. Der Hardrock-Song heizt noch mehr ein. Benny reißt's in der Hängematte hoch und das Rabbit hoppelt von seinem Schoß. Sogar Judy bringt der Power-Sound vor die Tür.

„Hi, Jungs, Stella und Tom kommen sich in der Jagdhütte gerade etwas näher. Wie wär's zum Beispiel mit *Move closer?“*

„Ich finde, Stella ist 'ne ziemliche Zicke, Mom. Sie sollte endlich 'n bisschen Pfeffer in den Hintern kriegen. Jetzt ist sie schon zwei Wochen bei Tom in der Hütte und noch nicht mal 'n Kuss. Lass Tom nicht so lange zappeln, bis er zum Schluss kommt. Drei Jahre allein mit seinen Schlittenhunden in Alaska ist 'ne verdammt harte Zeit. Der Song könnte den beiden 'n bisschen Feuer machen. Übrigens gehen wir jetzt sowieso auf die Piste.“

„Und ich? Ihr haut immer ohne mich ab.“ Benny hat den rührendsten braunen Kinderblick der Welt.

„Du bleibst beim Rabbit, mein Kleiner. Und morgen spielen wir mit dir ein paar tolle Partien Schach.“

Sie jagen den 58er-Highway nach B. rauf. „Die beste Disko“, schwärmt Dan. „Sensationelle Vibrations, auch ohne Alk. Du kennst ja unsere Gesetze.“

„Und die bunten Pillen? E? Da scheinen eure Gesetze jedenfalls nicht richtig zu greifen.“

„Alles eben fein und klein im praktischen Tütchenformat. Auf so was sind sogar die Cops scharf. Bedienen sich da selbst gut und gern bei den Razzien.“

„Dan?“

„Schieß los.“

„Ich bin jetzt schon eine ganze Weile hier ...“

„Na, großartig“, unterbricht ihn Dan. „Die Zeit ist schneller drauf als wir, was? Sie rast vorbei und macht dabei noch nicht mal ’n Windgeräusch.“

„Lenk nicht ab. Wir haben uns in der High School ziemlich rar gemacht. Jede Menge Fehlzeit.“

„Genau. Wir hatten hier und da mal Hitzefrei. Ein bisschen Strand und Fun.“

„Wir haben uns Hitzefrei genommen!“

„Logisch. Schenken tut dir keiner was. Da musst du schon selbst sehen, wo du bleibst. Okay, der Schulleiter ist scharf auf Mom. Sie bringt ihn mit ihren Tom-und-Stella-Romanen ganz durcheinander. Bei dem haben wir deshalb ’nen gewissen Bonus. Das vereinfacht die Sache.“

„Und deine Abschlussprüfung? Wie willst du die schaffen? Du willst doch nach Santa Barbara aufs College.“

Dan grinst. „Die krieg ich für ’n Sondertarif.“

„Du vielleicht. Aber ich bei uns nicht. Ich wollte eigentlich jede Menge Sport hier machen und eure Schriftsteller im Original lesen.“

„Sprachlich hast du doch schon alles drauf, Wolfy, was dich zum Amerikaner macht. Du bist sogar in unserer Shakespeare-Company erster Liebhaber. Zugegeben, ich wär ’n besserer Romeo als du. Total leidenschaftlich. *Oh, so vergönne teure Liebste nun, dass auch die Lippen wie die Hän-*

de tun.“ – „Bei Shakespeare steht im Original aber Heilige statt Liebste.“

„Siehste, Wolfy, du bist echt schlau, wozu willst du dir den Hintern in so ’ner Anstalt wund sitzen.“

„Jedenfalls setz ich hier Fett an. No Sports! Nicht mal Schattenboxen, weil’s keinen gibt in dieser leeren Gegend.“

„Ja, sportlich bist du wirklich ein Windei. Okay, auf den Beinen bist du schnell wie ’ne Steppenantilope. Aber Büchsenschießen? Fünf Schüsse und zwei davon ins absolute Aus! Da bist du nicht besser als jeder x-beliebige Cop. Übrigens muss man hier in der Gegend ’n bisschen den Kopf einziehen. Überall die GI-Buben. Ballern mit allerhand Waffengattungen rum. Manchmal fliegen ein paar Dinger übers Sperrgebiet raus.“

„Dan, ich mein es ernst. Ich vertrödel hier ziemlich viel Zeit.“ Wolf denkt an Schacht. Den wird er enttäuschen, wenn er seine Zeit hier nicht nutzt. Wolf weiß, dass Schacht ihn mag und Leistung von ihm erwartet. Damit er nachher den Anschluss packt, wenn er zurück ist.

„Du vertrödelst die Zeit?“, unterbricht Dan seine Gedanken. „Das siehst du genau falsch rum, Wolfy. Du gewinnst hier jede Menge Zeit dazu. Außerdem: Wo sonst hast du so ’n Weitblick. Die Gegend hier macht einen direkt zum Philosophen.“

„Genau. Ich mach aber lieber Sport als schlaue Sprüche über Gott und die Welt.“

„Bleib hier, Wolfy! Komm mit nach Santa Barbara. He, wir zwei unten an der Küste! Da kannst du alles haben. Surfen, Frauen, alles, was du willst. Und viel Landschaft! Wirklich jede Menge Gegend da unten.“

„Klar. Und später machen wir ’ne Pizzeria in der Wüste auf.“

„Genau. Du stehst am Feuer. Und ich bedien die Gäste?“

Wolf gibt sich geschlagen. Was die Schule betrifft, ist die Zeit hier wirklich ein einziges Verlustgeschäft für ihn. Er

wird zu Hause vielleicht doch ein Schuljahr dranhängen müssen, wenn seine Lücken zu groß werden. Da wird ihn dann auch Schacht nicht rausreißen können.
Dan ist eben Dan. Mit seiner Art kriegt er Wolf immer wieder rum. Man kann ihm einfach nicht widerstehen. Manchmal hat er so was Melancholisches, aber dann ist er wieder absolut gut drauf. Dan, der Seelenfänger. Und Wolfs gute Vorsätze schmelzen dahin.

Hinter der Kiefernschonung nimmt Wolf wieder den Pfad zwischen Raps- und Lupinenfeldern. Über ihm in den Lüften das Trillern der Lerchen. Er hat sein Trainingszeug nicht dabei und läuft in Jeans, T-Shirt und normalen Turnschuhen. Der Schweiß klebt ihm am Körper. Seine Sachen sind feucht.
Im Grunde genommen laufen alle Läufer vor etwas weg. Den Satz hat er irgendwo gelesen.
Blödsinn, hatte Felix gesagt. Wir laufen auf etwas zu. Du auf Gold und ich auf Silber. *Blüh im Gla-han-ze dieses Glü-hü-ckes*. Felix konnte den Ton nicht halten. Und mit dem Text war er auch nicht ganz vertraut.
Go for gold. Zehntausend Meter, das ist Wolfs Distanz. Kein Marathon. Nicht, dass ihm dafür der Atem fehlt. Die Kondition ist okay. Doch er will locker auf der Zielgeraden einlaufen. Nicht am Ende seiner Kraft und gleich hinter der Ziellinie zusammensacken. Sie hängen sich über dich, rubbeln mit Handtüchern an dir rum, halten dir den Energiedrink gegen die Zähne. Hier trink! Du wirst fit gemacht für die Runde der Sportreporter. Die erklären dir, dass du gerade olympisches Gold geholt hast. Klar, damit sagen sie dir nichts Neues. Das hast du noch mitgekriegt.
– Was hast du auf den letzten Metern gedacht?
– Wie hast du deine Kondition auf den Punkt genau trainiert?
– Musstest du alles geben oder hattest du noch Reserven?

– Bist du für dein Land gelaufen oder für dich selbst?
– Was fühlst du jetzt?
Nichts. Im Moment spürt er nur seinen Körper, die Spannkraft darin, die Stärke seiner Beine, das lockere Abstoßen vom Boden, den langen Schritt, das Aufkommen, Abrollen ... In seinem Kopf Schachts Anweisungen:
Nicht mit der Nase auf der Erde schleifen!
Nicht den Himmel absuchen!
Kopf aufrecht und geradeaus gerichtet!
Ein Ziel anvisieren, das in Augenhöhe ist! Wenn du ihm näher kommst, bleib nicht dran kleben, such dir schon ein neues. Aber immer in Augenhöhe.
Du läufst für dich selbst. Medaillen, der Beifall, die Hymne, das ist Beigabe. Du läufst, um deinen Körper zu *deinem* Körper zu machen. Bewohn ihn ganz, breite dich in ihm aus.
Lauf bei jedem Wetter. Fühl Sonne, Wind und Regen auf deiner Haut. Du spürst, dass die Sonne brennt, der Wind eisig ist, der Regen peitscht. Wenn du jammerst und abbrichst, dann tu was anderes. Dann bist du kein Läufer. Sonne, Wind und Regen sind nicht deine Gegner. Sie sind deine Begleiter. Lass dich auf sie ein.
Denk daran, du läufst für dich selbst. Öffne deine Lungen, atme tief und befrei Kopf und Seele. Dann läufst du um den Sieg. Dann läufst du um Gold. Auch wenn du als Letzter ins Ziel einläufst.
Das Ziel immer in Augenhöhe, Schacht? Vergiss es! Dein Vorzeigeathlet Wolf Steinbach muss auf die Kriechspur.

Wolf und Dan haben ein hartes Diskoprogramm hinter sich und sind ziemlich geschafft.
„Lass uns abhauen, bevor die Cops aufstehen. Ich bin ein bisschen auf E“, sagt Dan.
„Dann fahr ich.“

„E oder ohne Führerschein, das bleibt sich im Strafmaß gleich."
Draußen bastelt ein Mädchen mit einer langen Blondmähne an einem schweren Motorrad rum.
„Wow", sagt Dan. „Jetzt knacken auch schon die Engel nachts 'ne Harley Davidson. Willst du das Ding kurzschließen? Ich würd sofort mit anfassen."
„Kannst du, wenn du was von Anlassern verstehst. Ist übrigens nur eine Yamaha."
„Bist du mit dem heißen Stuhl hier direkt vom Himmel gekommen?"
„Haha. Also, verstehst du was davon? Ja oder nein?"
„Leider nein. *Ich schwöre, Fräulein, beim heiligen Mond ...,* dass ich keine Ahnung von Anlassern hab. In Sachen Shakespeare bin ich aber Experte und 'n toller Romeo."
„Ein Biker-Experte wär mir im Moment lieber. Dann werd ich mir hier wohl erst mal ein Quartier suchen müssen."
„Wir können dich einladen."
„Wohin?"
„Na, ungefähr achtzig Meilen von hier. Wir hausen am Rand eines schwarzen Lochs."
„Nee danke! Heute nicht mehr so weit und in so eine unwirtliche Gegend. Aber ihr könnt mich zum nächsten Motel mit Tankstelle und Reparaturwerkstatt bringen."
„Zu Diensten. Nur 'ne viertel Meile."
„Danke." Das Mädchen steigt ein.
„Woher und wohin?", fragt Dan, als sie losfahren. Vom Norden ist sie. Aus Montana. Will noch runter an die Küste, an den Strand von Venice.
„Zu diesem Mammut-Popkonzert in drei Wochen?", fragt Dan.
„Vielleicht. Ich weiß noch nicht, ob ich so lange hier in der Gegend bleib."
„Solltest du aber. Sonst verpasst du glatt was. Das Konzert wird bestimmt so 'n Ding wie Woodstock. Falls es dann

genauso gießt wie damals, würd ich auch ’n Regenschirm für dich aufspannen."

„Nett von dir. Aber so weit plane ich nicht voraus."

Nach wenigen Minuten halten sie vor dem *Golden West. Food ’n gas*. Auch eine kleine Reparaturwerkstatt ist dabei.

„Das Hilton ist es aber nicht", warnt Dan.

„Es ist ganz okay für ein paar Stunden Schlaf. Wenn die morgen meine Maschine hinkriegen, geht's weiter."

„Wie wär's mit ’nem Zwischenstopp in unserer Residenz? Am A... der Welt. Trotzdem leicht zu finden. Immer geradeaus auf dem 58er, danach auf der 156 weiter, bis du irgendwann links ’ne Luxusvilla in Weiß siehst. Bei Chambers. Kennt jeder Wüstenfuchs in der Gegend."

„Ich werd drüber nachdenken. So long, ihr beiden."

„Bei Chambers! Nicht vergessen! Du kriegst auch ’n eisgekühlten Drink. Und alles, was man sonst noch in der Wüste braucht."

„Und was wär das?"

„Na, zuverlässige Gesellschaft. Leute, denen du jederzeit dein Herz ausschütten kannst. Mir zum Beispiel."

„Nett. Ich hab zwar keine Zentnerlasten drauf, aber trotzdem ein interessantes Angebot. Ich werd mich spontan entscheiden. Bye."

„Bye, Bella", sagt Dan und macht sein melancholisches Gesicht.

Früher Morgen schon. Im Osten nimmt die Bergkette Konturen an. Bald wird die Sonne einfallen und die Mondlandschaft in eine flirrende Hitze tauchen.

„Warum hast du eben das Maul nicht aufgekriegt, Wolfy?"

„Wann denn? Du hast sie doch total zugelabert."

„Ich schätze, sie hat blaue Augen."

„Ich schätze mal, braune. Bei Tageslicht besehen. Du bist nacht- und farbenblind. In der Gegend hier wohl nichts Ungewöhnliches."

In dem Moment steigt die Sonne über den Bergkamm und spritzt für Minuten Funken über den Himmel.
„Berge in Flammen, 'ne Gegend für Landschaftsmaler", grinst Dan. „Übrigens ihre Zähne ... Hast du ihre Zähne gesehen? Also ich würde mich von ihr glatt in den Hintern beißen lassen."
„Tja ...", macht Wolf gedehnt. Das kann alles heißen.
„Denkst du jetzt an *so was?"*
„An was?", fragt Wolf harmlos. Genau an *das* denkt er jetzt.
„Na, sie hat jedenfalls 'nen tiefen Eindruck bei uns hinterlassen, stimmt's? Für sie würd ich mein Leben sofort in den Rinnstein werfen."
„So schnell? *Just a boy giving it all away?"*
„Yeah! Picked up my shoes and threw it all away. Für sie! Ob sie kommen wird, Wolfy?"
„Nach deiner treffend genauen Ortsbeschreibung bestimmt nicht: Am A... der Welt! Am Rand eines schwarzen Lochs. Das klang nicht gerade einladend."
„Ich bin eben 'ne ehrliche Haut. Und bei uns im Wüstenloch ist es fast genauso spannend wie beim lieben Gott im Universum."

„Psssst, Besuch!", flüstert Benny, als sie vor der Veranda halten. Er macht ein Gesicht wie ein Geheimnisträger und krabbelt aus der Hängematte.
„Wer?"
„Dad."
„Welcher?"
„Meiner."
„Na, dann hast du ja Glück."
„Spielen wir jetzt Schach?"
„Wolfy und ich sind schon schachmatt, Kleiner. Wir gehen erst mal 'ne Runde heia machen. Aber im Großen und

Ganzen kannst du dich auf uns verlassen. Versprochen ist versprochen."

„Farbe?" Benny lässt Wolf großzügig die Wahl.
Wolf entscheidet sich für Schwarz, weil Benny gern die Weißen spielt. Die Partie nimmt einen kurzen dramatischen Verlauf. Eröffnung mit den Königsbauern. Angriff, Angriff pariert, ungedeckter Bauer wird von Weiß geschlagen.
„Fehler", jubelt Wolf und kassiert seinerseits einen weißen Springer.
„Denkste!" Und dann ist Wolf unversehens Dame, Turm und Springer los. „Schach", sagt Benny kühl und lässt Wolfs König danach noch ein bisschen zappeln. Gleich wird er die Falle zuschnappen lassen.
Aber die Ereignisse, die sich auf dem 156er-Freeway anbahnen, übersteigen die Dramatik des Spiels.
Hochtouriges Motorengeräusch, eine Staubwolke, durch die es rot und schwarz aufblitzt, eine gekonnte Vollbremsung vor der Veranda, dann steigt ein Lederengel in Schwarz von der feuerroten Maschine, nimmt den weißen Sturzhelm ab, schüttelt einen Haufen blonder Locken, blitzt die drei braunäugig an und lacht. „Gibt's hier vielleicht was Eisgekühltes zu trinken?"
„Yeah!", stöhnt Dan leise in die Spätnachmittagshitze. „Sie hat Zähne, damit würd ich mir glatt ...! Und braune Augen, du hattest Recht, Wolfy. Wie diese süßen Bambis von Walt Disney."
Wolf kriegt kein Wort raus. Sein Blick klebt an dem blonden Lederengel.
„Schachmatt", sagt Benny in dem Augenblick kühl. Und damit trifft er bei Wolf genau ins Schwarze. Ihr Anblick setzt ihn schachmatt.
„Ihr habt den Weg hierher ziemlich gut beschrieben", sagt sie und setzt sich in den Sessel von Dan, der aufgesprungen

ist. „Immer geradeaus. Und dann irgendwo beim schwarzen Loch abbiegen.“ Sie lacht und ihre Zähne blitzen.
„Exakt. Aber niemals vom Weg abkommen. Du weißt, weil der böse Wolf lauert“, sagt Dan und verschwindet in der Küche, um ihr sein grünes Mintgetränk zu mixen. Wolfs Hirnzellen hängen immer noch im Schachmatt.
„Stets zu Diensten, Mylady.“ Dan ist schon zurück und reicht ihr mit einer Verbeugung das Getränk. Dann schnappt er sich Benny, befördert ihn in die Hängematte und setzt sich neben sie. „Wir haben uns gestern nicht komplett vorgestellt. Ich bin Dan Chamber und *der da* ist ein Namenloser. Einer von diesen hungrigen Wölfen, die hier so rumlungern. Aber sehr schnell und sehr bissig, wenn sie ’ne Beute wittern. Also halt dich an mich.“
„Ich heiße Shandy. Aber *der da* sieht nicht sonderlich bissig aus. Dass er schnell ist, glaubt man schon eher. Ich werde dich Birdy nennen, okay?“
„Okay“, sagt Wolf schwach. Dass er ein vorzüglicher Läufer ist, stimmt. Und dass er im Moment fliegen kann, auch. Obwohl sie ihn mit ihren braunen Augen hier festhält und er nicht mal mit den Flügeln schlagen kann. Schachmatt.
So fangen die Tage mit Shandy an.

Vielleicht hat diese Julia inzwischen angerufen? Nein, sie weiß seine Nummer nicht. Oder? Sie steht auf dem Apparat. Vielleicht hat sie sie notiert. Und warum? Wegen der Sachen, die sie zurückgeben will. Und warum hat er sie ihr nicht gegeben? Weil sie nicht danach gefragt hat.
Wolf fährt schneller. Als er vor dem Haus parkt, sitzt der alte Friedmann wieder im Fenster. Sein Perserkater bekackt gerade die Tagetes-Rabatte.
„Na, Wölfken, jut amüsiert? Hatteste ordentlich wat jetankt jestern? War ja noch ’n bisken Rabatz heute Nacht im Treppenhaus.“

„Sorry. Kommt so schnell nicht wieder vor.“

„Wejen mir isset ja nich. Wejen mir kannste ruich machen. Aber die Jnädje aus ’m Dritten, die Doktersche ... Du weeßt doch, wie se is.“

„Ich werde ihr ’ne rote Rose spendieren.“

Der alte Friedmann kichert. „Det is denn bestimmt die erste, die se kricht.“

„Einmal ist immer das erste Mal. Tschüs, Herr Friedmann.“

„Denn ma ... machs jut, Wölfken.“

Wolf spurtet die Treppe hoch, zwei Stufen auf einmal, schließt auf, der Anrufbeantworter blinkt. Zwei Nachrichten. Er drückt gleich auf die Playtaste.

Die erste ist der Anruf von seinem Vater heute Morgen, die zweite von Felix.

„Böser Wolf, was hast du dir da gestern bloß für ’n miesen Trip reingefahren? Tu so was nie wieder, sonst erschreckst du deinen besten Freund zu Tode. Und das ist unsportlich. Hast ’n bisschen nach ex und hopp ausgesehen. Wir haben noch ein paar Scheiben bei dir aufgelegt und uns dann diskret verdrückt. Hat diese Julia dich wieder belebt? So wie sie aussieht! Vielleicht hast du heute Lust auf die Fete bei Laura?“

Er ist enttäuscht. Aber wieso hat er auf ihren Anruf gehofft? Vielleicht sieht man sich ja mal wieder! Das klang jedenfalls sehr vage und mehr danach, als wollte sie den Zufall entscheiden lassen. Andererseits hat sie ihm ihre Nummer gegeben. Und wartet vielleicht, dass er sich meldet?

Er duscht und geht in die Küche. Der Kühlschrank ist fast leer. Er hat fürs Wochenende nichts eingekauft. Die Geschäfte machen gleich zu. Seit dem Frühstück hat er noch nichts gegessen. Er hat auch keine Lust zu essen, obwohl er Hunger verspürt. Er wird den Pizza-Service anrufen. Und morgen zum Frühstück? Man wird sehen.

Wie soll er bloß den Abend rumkriegen? Am besten die Nacht wieder durchmachen. Keinesfalls allein bleiben. Die

Fete bei Laura? Immer dieselben Leute. Da kann er durchhängen oder mitmachen. Feten bei ihr sind was Besonderes. Solche Be-free-Partys. Und gegen Morgen gibt's dann jedes Mal diese Grundsatzdebatten, wenn alle schon hinüber sind. Sind *Deep Purple* besser als *Led Zeppelin* oder sind sie nur krasser? Hat das Leben einen Sinn oder sollen wir's einfach genießen?
Wolf gießt sich ein Glas Milch ein, geht in sein Zimmer und macht die Stereoanlage an.

You cry a little bit,
you die just a little bit
and then you'll be all right.

Er wirft sich aufs Bett, streckt sich aus und schließt die Augen: Ich bin ganz ruhig. Ich atme tief.
Er spürt das Blut in seinen Fingern pulsieren, in seinen Handflächen, jetzt auch in seinen Lippen. Er kann es im ganzen Körper spüren, wenn er sich darauf konzentriert. Sein Herz pumpt gleichmäßig.
Das ist die Poesie des Herzens, meine Herrschaften: Es rast, es glüht, es brennt. Und es bricht. Nichts gegen die Dichter, die das alles mit der Liebe erklären. Aber betrachten wir die Dinge wie sie sind. Prosaisch. Dieses kleine Muskeltier ist der wahre Leistungsträger des Organismus. Rechnen Sie, meine Herrschaften: Wenn's hoch kommt, geht's achtzig Jahre gut. Rund um die Uhr! Ohne Auszeit Schwerstarbeit. Linke Herzkammer: Von hier aus den frischen Blutsaft durch die Arterien und Kapillaren bis in die jüngste Zelle jagen. Zurück mit dem erschlafften Lebenselixier in die rechte Kammer, rein in die Lungen und wieder Sauerstoff tanken. Hegen und pflegen Sie dieses Organ, meine Herrschaften. Schlanke Nahrung, viel Bewegung. Dann übersteht es auch die eine oder andere Attacke in Sachen Liebes-Herzsprung.
Für Bio-Schöller ist die Liebe eine Attacke aufs Herz, die

man mit Vollwertkost, Frischluft und Turnen abwehren kann.

Shandy hebt die Wessonbüchse an die Schulter, Benny wirft die Blechdose hoch: Paff! Getroffen.
„Na, bin ich nicht gut?“ Sie dreht sich zu Wolf und Dan um und trifft noch genauer. Wumm! Direkt ins Herz der beiden. Liebesschuss. Diesmal mit ihren braunen, goldgesprenkelten Augen und dem Zahnschmelz-Lächeln. Es hat Wolf und Dan voll erwischt.
„Du könntest locker Jesse James und Lucky Luke mit einem einzigen Schuss aus der Hüfte raus umlegen“, sagt Dan. „Oder den da.“ Er grinst zu Wolf rüber.
„Ja, leg mich um“, sagt Wolf und grinst zurück. „Am besten mit den Waffen einer Frau.“ Sie lacht. Er schielt zu Dan hin. Gut, das kam an. Den Punkt kann er für sich verbuchen.
„Warum sollte ich dich abknallen, Birdy, wo du mir doch sowieso zu Füßen liegst“, sagt sie. Jetzt hat Dan was zu lachen. Ein Punkt für ihn. Für *sie* sowieso.
Es ist Abend, die Sonne zaubert eine Purpur-Sinfonie an den Himmel und kippt mittendrin langsam hinter den Horizont. Sie sitzen jetzt auf der Veranda und trinken das giftgrüne Mintgetränk.
Shandy erzählt von Montana. Von Abenteuerfahrten durch die Rocky Mountains und von diesem Steve. So einem Draufgängertyp wohl. Er scheint ihr ständiger Begleiter zu sein. Ihr Lover.
„Dieser Steve könnte glatt ’ne Karriere als Stuntman machen“, sagt Wolf.
„Genau. Hat er schon mal ’n Grizzly zwischen die Finger gekriegt? Seine Pranken drum herum und ihm einfach die Luft abgedrückt?“
„Ihr beide habt ja echte Machofantasien. Aber jetzt seid

ihr mit dem Erzählen dran. Wie ist es denn so bei euch in Deutschland, Birdy?“

Wolf gibt sein Bestes, um Shandy zu unterhalten. Er sagt, dass Deutschland so groß ist wie eine amerikanische Puppenstube. Und dass die Deutschen ihre Puppenstube immer auf Hochglanz polieren, die Wohnzimmer und die Kinderzimmer und natürlich auch die Autos und die Rabatten im Garten. Allzeit im Großeinsatz mit Meister Proper und Unkraut-ex. Alles so sauber da wie der Schnee am Kilimandscharo. Und am Wochenende jede Menge Sport. Vorm Fernseher. Und jede Menge Bier. *Ein Bier wie Bayern,* der beste Werbeslogan aus Germany. Überhaupt: Bayern ist das Besucherzimmer von Deutschland. Immer frische Blumen vor den Fenstern. Rote Geranien. Blauer Enzian.

Shandy amüsiert sich.

Da steht Dan auf, nimmt das Gewehr, geht ein paar Schritte, hebt an, die abtauchende Sonne im Visier, und ballert ins Abendrotkonzert rein, bis die Flinte leer ist.

Dann lehnt er am Geländer, den Blick auf das glühende Spektakel am Horizont gerichtet, an dem das Orange allmählich zu Violettblau wechselt. Hinter sich hört er Wolf und Shandy immer noch lachen und reden. Die Nacht bahnt sich an. Und was sonst noch? Dan seufzt, yeah, nimmt die Wessonbüchse wieder auf, lädt und ballert eine Salve senkrecht in die Luft.

Judy taucht auf der Veranda auf. „Hi, Kinder, in den Taylor Mountains ist es gerade Mitternacht und Stella fährt jedes Mal aus dem Schlaf hoch, wenn’s knallt. Sie denkt, dass Tom draußen in der Wildnis was zugestoßen ist. Vielleicht sollte sie jetzt ihre Ruhe kriegen.“

„Warum entlässt du die beiden immer noch nicht in die Zivilisation, Mom?“, spottet Dan. „Damit sie endlich heiraten können. Sie leben da oben im ewigen Schnee jetzt schon lange genug in wilder Ehe. Außerdem, wenn Stella bei der Geburt ihres Babys draufgeht?“

„Tom wird das schon hinkriegen“, sagt Wolf. „Wär gut, wenn er mal ein Semester Medizin studiert hätte. Vielleicht kannst du das noch irgendwie reinbasteln, Judy?“

„Aber die Pampers! Wo sollen die denn die verdammten Pampers da oben hernehmen? Selbst das Jesuskind in der Krippe war da besser dran.“

„Judy wird das Kind schon schaukeln und wickeln.“ Reynold ist rausgekommen und legt seine Hände um Judys Taille. Dann übt er ein bisschen Druck damit aus und schiebt sie wieder ins Haus rein. Er ist jetzt wie Shandy seit einer Woche hier, aber man hat ihn kaum zu Gesicht gekriegt. Und Judy auch nicht. Da drinnen scheinen sich im Moment zwei Romane abzuspielen. Keine Frage, dass Reynold Bennys Dad ist. Aber er könnte auch ein bisschen Dans Dad sein.

Nacht über der Wüste. Benny und das Rabbit driften in der Hängematte durchs Traumland. Die drei haben sich in den alten Sesseln auf der Veranda ausgestreckt – Shandy in der Mitte – und albern herum. „Puhh! Noch heiß heute Nacht“, seufzt sie. „Wirklich noch ’ne Gluthitze“, stöhnt Wolf.

„Liebesglut“, sagt Dan leise. „Verbrennungen dritten Grades.“

„Mach einen Kopfstand, das kühlt ab“, schlägt Wolf vor.

„Im Kopf bin ich nicht standfest“, murmelt Dan und tastet nach Shandys Hand. Sie zieht sie weg und springt auf. „Lasst uns nach ein paar Sternschnuppen suchen.“

„Hab schon eine.“ Dan will sie festhalten. Aber sie macht sich los.

Shandy und Wolf nehmen den Buick, Dan das Motorrad.

Wolf ist am Steuer. Ohne Führerschein. Wenn ausgerechnet heute die Highway-Patrouille aktiv wird? Auch ein Wüsten-Cop braucht hin und wieder ein Erfolgserlebnis.

Shandy sitzt neben Wolf. Das treibt den Hormonspiegel in

seinen Blutbahnen auf Spitzenwerte und der Motor des Buick dreht dicht an seinem Limit. Wolf liegt gegen Dan gut im Rennen. Doch der holt auf, knattert mit dem Motorrad jetzt auf gleicher Höhe mit ihm, kommt seitlich nah an ihn ran, nimmt die rechte Hand vom Lenker, winkt Shandy zu. *Pretty woman look my way.*

Dieser Idiot! Ich könnte ihn leicht wegdrücken, ein bisschen nach links, nur eine winzige Bewegung am Steuer gegen den Uhrzeigersinn. Das wär's dann für ihn.

„Hi, Birdy, move closer!" Dan grinst und fährt neben dem Buick in Schlangenlinien.

Wolf zieht eine Winzigkeit nach links, tritt das Gas voll durch, der Motor heult auf.

„Das reicht jetzt, Babys, ja? Ihr seid zwei großartige Arschlöcher." Shandy ist ziemlich sauer.

Wolf geht auf die Bremse. Dan rast knapp an ihnen vorbei noch ein Stück weiter. Dann wendet er und kommt zurück.

„War nur 'n kleiner Scherz." Er steigt von der Maschine und schwingt sich auf den Rücksitz des Buick. „Einfach abheben! Das wär's!"

„Ich find's hier unten aber ganz prima", sagt Shandy.

„Die Erde ist doch 'n Riesenschrottplatz. 'ne ziemliche Beleidigung für den lieben Gott. Du musst schon ein verdammter Glückspilz sein, wenn du mal 'ne echte Perle drauf findest. So wie ich." Dan spielt mit dem Zeigefinger an Shandys Schulter.

Wolf sieht hin: Sie hält still. Sein Herz klopft. Er sieht weg. Und muss wieder hinsehen. Aber Dan hat seine Hand jetzt wieder bei sich.

„Lasst uns zurückfahren, ich bin müde", sagt Shandy.

„He, Birdy, wirf die Kiste an. Befehl vom Engel!" Dan schwingt sich aus dem Buick raus. Wolf lässt den Motor an und fährt los. Dan bleibt jetzt hinter ihnen. Shandy legt für einen Augenblick ihre Hand ganz leicht auf Wolfs Schulter. Hoppla, die Hormone schießen wieder ein! Er fühlt Dans

Blick im Rücken und würde jetzt gern seine Hand zu Shandy rüberschieben. Aber sie bleibt am Steuer kleben. Wie festgebacken.

„Wolfy, lassen wir *sie* entscheiden?“, fragt Dan, als sie später allein in seinem Zimmer sind.
„Sie hat sich schon entschieden“, sagt Wolf.
„Klar. Für mich.“ Dans Stimme klingt deprimiert.
Sie hören, wie Shandy nebenan den Schlüssel im Schloss umdreht.
„Für diesen Steve. Und jetzt halt die Klappe und vergiss es, poor boy!“

Wolf wählt Julias Nummer, er fühlt sein Herz gegen die Rippen schlagen, seine Hände schwitzen.
Besetzt. Nach ein paar Minuten versucht er es noch mal. Mit wem spricht sie? Ist sie mit jemandem zusammen? – *Ich mag zugenagelte Beziehungskisten nicht.* – In ihm schaukelt sich was hoch. Eifersucht?
Wut. Wut auf sich selbst. Und diese Angst dabei. Idiot! Hast du dich vielleicht in sie verknallt?
Ja. Ja doch!
Idiot! Idiot! Idiot!
Er fegt das Telefon vom Tisch, trommelt mit den Fäusten gegen die Wand, dann sackt er am Boden zusammen, den Kopf auf den Knien und weint.
Danach ist er leer. Er steht auf, stellt das Telefon wieder zurück, horcht – ja, der Amtston ist noch da – und legt den Hörer auf.
Dann geht er ins Bad, wäscht sich das Gesicht, sieht kurz in den Spiegel: nichts, keine Regung. Er spült den schalen Geschmack mit Mundwasser weg, kämmt sich die Haare und prüft noch mal seinen Blick im Spiegel. Die Angst? Weg.

Nein. Sie lauert. Irgendwo in seinem Kopf. Nicht in den Augen. Die betrachten ihn distanziert. Wolf Steinbach. Einer von den Typen, die's haben.
Bis man's dann sieht, machen alle einen großen Bogen um ihn.
Wieder dieses zwanghafte Kichern. Er schneidet jetzt Grimassen, runzelt die Stirn, reißt die Augen auf, zieht die Lippen hoch, bleckt die Zähne. Dann lächelt er sich zu, probt den Blick eines Wahnsinnigen: Todesengel Wolf. Willst, feines Mädchen du mit ihm gehen? Nein? Tja, was machen wir denn da?
Julia!
Idiot! Idiot! Hör auf mit dem Theater!
Er geht in sein Zimmer und schaltet den PC an.

Bundesverband Deutsche Aids-Hilfe e.V., Dieffenbachstraße 33, 10967 Berlin
Dann die Anschriften der Landesverbände aller Bundesländer.
Wolf sucht weiter. Er will keine von diesen amtlichen Stellen. Die beliefern einen wahrscheinlich nur mit Broschüren. Und diese Betroffenen-Gesprächsgruppen? Wo man konkret was erfährt? Wie ist das, wenn du infiziert bist? Wie funktioniert das Leben mit Aids? In den Chatrooms findet er etliche Angebote.
Schwule Liebe mit Aids
Diagnose Aids. Kein Todesurteil.
Angst vor HIV? Wir beraten dich. Schau bei uns rein.
Und und und.
Wahrscheinlich ziemlich egal, wo er einsteigt.
Aids, kein Todesurteil. Ach, und was sonst? So eine Runde von Verdrängungsoptimisten? Du musst nur den Willen haben zu überleben! Du darfst dich nie aufgeben!
Klar, manche haben Glück. Glück im Unglück. Eine lange

Latenzphase, bis es losgeht. Aber irgendwann sind sie auch dran. Sterben auf Raten.

Aids, kein Todesurteil. Wolf loggt sich doch dort ein.

<Ich bin Franz, der Konferenzleiter. Du bist neu bei uns, nicht wahr? Dann bitten wir dich, vielleicht erst mal etwas reinzuhorchen. Mittwochs um 20 Uhr gibt's übrigens ein Forum für Neueinsteiger. Wenn du teilnehmen willst, kannst du bis dahin vielleicht schon mal ein paar präzise Fragen vorformulieren.>

<Okay.>

Und dann rattern die Insider-Codes über den Bildschirm.

<Ich bin über die kritische Grenze. Hab jetzt wieder 200 CD4-Zellen. Bin im Moment voll gut drauf.>

<Mensch, prima. Nur mit AZT?>

<Logisch nicht. Kombi-Therapie, AZT, DDI, DDC. Als ich total unten war, 45 CD4 nur, hab ich noch drei Wochen Aciclovir draufgepackt.>

<Und? Nebenwirkungen?>

<Nichts Besonderes. As usual. Bisschen kotzen, Krämpfe, leichtes Fieber.>

AZT, DDC, DDI, DAT, Toxoplasmose, Pneumozystis-Pneumonie, Candida, Herpes simplex, Lymphome ...

Nein. Hier muss er wieder raus! Er versteht kein Wort. Echte Profis! <Hey! Ich geh dann mal wieder.>

<Schau am Mittwoch rein>, rät Franz. <Dann ist Thomas da. Unser Medizinmann. Der kann dir jede Frage beantworten.>

Wolf steigt um. *Angst vor HIV? Wir beraten dich.*

Er trifft nur Bert an. Der hat heute Dienst.

<So was gibt es bei euch? Bereitschaftsdienst?>

<Ja. Und der Vorteil: Du bist hier ganz anonym. Du kannst also über alles sprechen. Bist du infiziert?>

<Ich weiß nicht.>

<Dann lass dich auf jeden Fall testen. So schnell wie möglich. Damit du die Ungewissheit loswirst.>

<Wo?>

<Du kannst zu jedem Arzt gehen. Du kannst dich aber auch beim Gesundheitsamt testen lassen. Du bleibst da vollkommen anonym. Du kriegst nur eine Nummer. Sie machen mit dir ein Vorgespräch. Und das Ergebnis bekommst du auch nur persönlich mitgeteilt, nicht telefonisch.>

<Haben sie da auch einen Notdienst? Kann ich mich da am Wochenende testen lassen?>

<Nein. Aber vielleicht bei einem Arzt, wenn du ihn gut kennst. Zum Beispiel bei deinem Hausarzt. Nur wirst du das Testergebnis nicht früher haben. Die Labors machen auch Wochenende. Da passiert bis Montag nichts.>

<Aber Aids ist ein Notfall. Schließlich geht es um mein Leben.>

<Ja. Nur nicht akut. Du kannst heute mit Medikamenten den Ausbruch von Aids verzögern, indem du die Ausbreitung der Viren verzögerst. In manchen Fällen sogar stoppst. Zwei Freunde von mir leben schon fünfzehn Jahre mit HIV, ohne krank zu sein. Aber auch, wenn Aids ausbricht, heißt das nicht immer, dass du bald dran stirbst. Es gibt wirksame Therapien, mit denen du noch lange klarkommen kannst. Heilen kannst du Aids allerdings damit nicht. Und manche haben auch ziemliche Nebenwirkungen. Da darf man sich nichts vormachen.>

<Danke, sehr tröstlich!>

<Ich weiß ja, wie mies du dich jetzt fühlst.>

<Klar. Du hast es ja auch schon hinter dir. Ich meine die Diagnose: HIV-Test positiv. Alles schon verdaut, was?>

<Ich bin nicht infiziert.>

<Ach so! Deswegen bist du so ’n Klugscheißer.>

<Okay. Vielleicht hilft es dir ja, wenn du auf mich losgehst.>

<Blabla! Was tust du überhaupt da als Nicht-Infizierter? Beratung? Wie willst du überhaupt wissen, wie beschissen sich die Leute fühlen!>

<Ich krieg das jeden Tag mit. Ich bin Pfleger auf einer Aids-Station.>

<Solange du selbst es nicht hast, bist du trotzdem gut dran. Wird wahrscheinlich sowieso alles mit der Zeit Routine.>

<Die Pflege ja. Die Handgriffe, die Medikamente. Da kriegst du so was wie Routine. Brauchst du auch. Damit du Zeit für das Wichtigste hast. Da stirbt einer, das wird niemals Routine für dich. Jeder ein ganz individueller Mensch. Manche davon Freunde. Und jeder muss da durch. Jeder muss seinen eigenen Tod sterben. Und du stirbst sie alle ein Stück mit.>

<Okay. Tut mir Leid. Tut mir wirklich Leid.>

<Kein Problem. Schon gut. Ich versteh deine Wut. Vielleicht geht es bald um *dein* Leben.>

<Also dann ... ich verschwinde jetzt.>

<Hast du jemand? Wir sind rund um die Uhr besetzt. Du kannst immer einen von uns erreichen.>

<Thanks.>

<Geh am Montag zum Test, ja? In ungefähr einer Woche hast du das Ergebnis.>

<Danke. Ciao.>

Dieser Bert ist ganz okay. Vielleicht meldet er sich noch mal bei ihm. Später. Jetzt hat er erst mal keinen Nerv mehr dafür.

Er surft wieder in den Chatrooms: *Strange feelings?* Da kann er seit gestern mitreden. Nur wahrscheinlich ganz anders, als die Typen da. Tornado, Schnecke, Jack the Ripper und FunFan. Die Namen lassen schon den Tenor ihrer Unterhaltung vermuten. Er horcht rein.

<Tornado> Ich sitz also am Springbrunnen und die Sonne lacht mich an und ich guck, wie das Leben und all der Kram an mir vorbeimaschieren.

<Schnecke> Zur Sache! Was fühlst du? He, es ist Frühling mit dem ganzen Drum und Dran und jetzt heb deinen Hin-

tern mal von dem Jungbrunnen weg und geh so ’ner tollen Braut nach: Hallo, wir kennen uns noch nicht, aber das wird sich gleich ändern. So was musst du jetzt fühlen, Tornado!

<Jack the Ripper> Genau. Und dann streifst du dir die schwarzen Lederhandschuhe über, das macht sich elegant, so schwarzes weiches Leder auf ’nem weißen Schwanenhals.

<FunFan> Du bist eben ganz normal pervers, Ripper. Also lass hören, Tornado. Schläfst du da in der Sonne am Brünnlein jetzt ein, so mitten im vorbeimarschierenden Leben?

<Tornado> Ich schlaf tatsächlich ein und träum, dass irgendjemand vorbeikommt und mich wachrüttelt und sagt: Wenn du dein Herz am Zügel hältst und nicht wildern lässt, stirbst du.

<FunFan> Und wer ist der große Weise?

<Tornado> Äh ... Ich träum ja, Mann. Ich erkenn ihn nicht.

<Schnecke< Schmeiß mal den Turbo an, Tornado. Deine Geschichte ist ziemlich langatmig.

<Tornado> Also der Typ schwebt weg, ohne mir ’ne Interpretationshilfe zu geben.

<Jack the Ripper> Aber dann denkst du selbst nach. Wie geht das wilde Leben für wilde Herzen? Pack es, sagst du dir. Und ziehst die Knarre aus deiner Hose und bumballerst damit alles über ’n Haufen, was dir ins Auge springt. Bis dein Magazin leer ist. Richtig?

<Tornado> Beinah. Das Problem ist: Ich hab keinen Waffenschein. Kleine Pause, bis alle gelacht haben.

<Schnecke> Ha. Das war für alle. Oder will noch einer?

Wolf steigt mit ein. Unter dem Decknamen Birdy.

<Birdy> Gute Story, Tornado. Voll das Leben.

<Jack the Ripper> Wer bist du, sag an?

<Birdy> Einer mit ganz schwerem Geschütz.

<Schnecke> Lass ballern, Cowboy!

<Birdy> Sorry, Ladehemmung. Nur ’n Kopfcowboy.

<Schnecke> Und was hast du in deinem Hirn so gebunkert? Kernwaffen? Oder nur Handgranaten?

<Birdy> Fragezeichen.

<Tornado> Aha! Philosoph.

<Schnecke> Dann bist du bei uns verkehrt.

<Jack the Ripper> Trotzdem. Leg deine Gedanken vertrauensvoll in unsere Hände.

<Birdy> Auf eure Verantwortung.

<Jack the Ripper< Logisch. Wir haften für Schäden durch falschen Gebrauch von Schusswaffen jeder Art.

<Birdy> Du überstehst also deine Geburt und Spinat und Masern und Ödipuskomplex und Einschulung.

<Schnecke> Im Zeitraffer!

<Birdy> Gutes Stichwort. Und dann rafft's dich dahin. Nachdem du den Kinderkram grad hinter dir hast. Vor der Zeit.

<Schnecke> Ende. Aus. Vorbei. Der Nächste bitte!

<Tornado> Halt! Erst die Moral von der Geschichte. Woran gehst du ein, Birdy?

<Birdy> An Galgenhumor. Kleine Pause zum Ablachen.

<Schnecke> Haha. Wieder für alle.

<Tornado> Mann, Birdy! Kann ich dir helfen? Wenn du quatschen willst ... Wir können in 'ne Flüsterecke steigen.

<Birdy> Danke, nicht nötig, Tornado. Aber ich setz dich auf meine Positivliste. Echt nette Typen drauf. Ciao, Leute. Und gebt Aids keine Chance.

<Tornado> Oh, Mann, Birdy! Lass uns drüber ...

Doch Wolf steigt aus.

Er tippt wieder Julias Nummer ein. Diesmal hört er das Freizeichen. Ju-lia. Ju-lia. Nach dem dritten Läuten der Anrufbeantworter. *Versucht's einfach mehrmals ...*

„Julia!!!"

„Wolf?"

Sie ist da! Sie hat abgenommen!
„Ich wollte nur mal diese Nummer auf meiner Hand ausprobieren. Du weißt schon, die mit Lippenstift."
„Dann hast du dir den ganzen Tag die Hände nicht gewaschen?"
„Nur 'n bisschen drum herum."
„Schätzungsweise hast du jetzt Millionen von Mikroben drauf."
„Und in mir drin. Also wenn du keine Angst vor kleinen und großen Lebewesen hast, ich meine vor Amöben und Mikroben und Wölfen ... ich würd dich auf keinen Fall beißen und so ..." – wieder das Kichern, er muss aufpassen, dass es kein Kieksen wird und die Stimme kippt und er zu flennen anfängt – „... dann könnten sich unsere Wege heute noch kreuzen, was meinst du?"
„Mal sehen."
„Du würdest dich drauf einlassen?"
„Auf was?"
„Julia, ich würde dich heute wirklich noch gern wieder sehen. Sehr dringend."
„Das klang jetzt ziemlich überzeugend."
„Wann?"
„Ich muss nachher meinen Job machen. Dann hätte ich Zeit. Gegen elf?"
„Je später der Abend, desto schöner wird Julia."
„Danke. Das hört sich an, als hätte der Wolf Kreide gefressen."
„Ja, eine Großpackung. Übrigens, wenn du irgendwo Teller wäschst, könnte ich dir helfen."
„Nett. Aber ich bin zufällig in einer anderen Branche."
„Du machst mich neugierig."
„Hol mich in der Brandstraße 12 ab, ja? Im alten Lagerhaus. Da ist die Worst Case Company untergebracht."
„Ist das irgendwo am Broadway? Wann krieg ich den nächsten Flieger dahin?"

„Du kannst zum Beispiel die Linie 10 Richtung Waltmershausen nehmen."
„Julia? Bis nachher? Bestimmt?"
„Ich glaub, du bist noch immer nicht so gut drauf?"
„Ehrenwort, Julia? Um elf vor dieser, äh ... Shakespeare Company?"
„Worst Case Company, Wolf. Aber trotzdem großes Ehrenwort."
„Der schlimmste Fall: Du bist nicht da."
Julia lacht. „Bis nachher, Romeo Montague." Sie legt auf. Bis nachher, Romeo Montague. Klang das jetzt nach Bühne oder einfach nur zärtlich?

Wolf ruft den Pizzadienst an: einmal Frutti di mare, dazu einen gemischten Salat. Okay, in einer halben Stunde. Dann legt er die Sampler mit Filmmusik auf: *Pretty Woman, Wicked Games, Basic Instinct.* Und wieder *Pretty Woman.* Er stellt den Song auf Memory Repeat.

...say you'll stay with me
'cause I need you, need you tonight ...

Was soll er anziehen? Schwarz. Wie immer, wenn er top aussehen will.

... don't walk away, yeah, yeah
don't walk away.

Pretty woman. Schöne Frau, geh nicht einfach weiter. Bring mich nicht zum Weinen.
Ja klar, erst mal heulst du Rotz und Wasser. Ganz in Ordnung, ganz legitim. Und du darfst auch toben. Kein Problem, wie dieser Bert von der Aidshilfe vorhin gesagt hat. Schließlich verlierst du dein Leben. Lass den ganzen Scheiß raus aus dir. Damit du Platz schaffst für dieses Riesending: ICH BIN DRAN.
Haltung kommt später. Wenn du's quasi schon hinter dir hast. Du resignierst, du sagst Ja und Amen, weil die Luft

zum Atmen für dich dünn wird. Deine Resignation erleichtert's für alle, die dich verabschieden müssen. Er starb in Würde. Nicht mal mehr Bettnässen und Kotzen. Aber zum Ende hin hat er ja auch nichts mehr gegessen und getrunken. Nur noch Glukose durch die Schläuche. Und 32 Pillen. Täglich. Die musst du noch nehmen, Wolf! Er dreht den Kopf weg. Zur Wand? Oder doch lieber zum Fenster. Blickkontakt mit dem Göttlichen aufnehmen. Sternenhimmel. *When I lay to my rest ... follow my star ...* Irgendwie ist er ja schon ein Engel. Und die Flügel deuten sich auch schon an, jetzt, so ganz vom Fleische. Der liebe Gott macht Frauen und Engel aus einer Rippe.
Hör auf! Lass die Sprüche! Spiel nicht den Zyniker. Du hast eine Scheißangst! Du wirst *jede* Pille schlucken. AZT, DDI und und und. Du wirst kotzen wie 'n Reiher. Aber schlucken. Und die Fakten verdrängen. Ein routinierter Überlebenskünstler.
Scheiße nein! Du nicht! Du stirbst nicht auf Raten! Poff! Schluss! Aus!

Pretty woman, look my way!

Du stürzt rein in dieses Nichts ... nie mehr ... alles vorbei ... du bist einfach nicht mehr da! Name? Schall. Rauch.

If that's the way it must be okay.

Ein Leben danach? Wo? Als was? Im Himmel! Beim Herrgott! Wolf Steinbach, du schon? Come in!
Gibt es Gott oder gibt's ihn nicht? Bitte melde dich! Wie soll ich es sonst vorher wissen?
Wer oder was ist Gott? Eine Beruhigungspille. Antworte, Gott! Sag was! Wolf Steinbach, du noch nicht! Sag: Ja, Wolf Steinbach, es gibt mich. Hab keine Angst. Komm ruhig. Ich schenk dir das ewige Leben.
Nein! Ich will mein Leben auf der Erde! Bis zum Anschlag. Das ewige Leben ist der ewige Tod. Und Gott ist eine barmherzige Erfindung: Du gehst zu ihm, wenn du hier fertig bist. Und da geht's weiter? Wie praktisch!

Du bist NICHTS mehr, wenn du hier wegmusst. Und du gehst NIRGENDWO hin!

Herrgott, ja, du kommst einfach ins Loch! Schöller hat Recht: Gärung, und das war's. Oder ins Bestattungsfeuer. Bei wie viel Grad? Asche zu Asche. Und Denken und Fühlen und Seele? Wolf Steinbach?

Und dein Genie? Noch nicht ausgereift. Aber mit Zukunft.

Genie? Du würdest nie ein Nurmi. Go for gold? Vergiss es. Für Gott bist du nur eine Laus, die sich da unten auf der Aschenbahn abstrampelt.

Vater unser, der du bist ... Gott ist eine Droge. Opium. Sterbehilfe. Nichts als Betrug, damit du nicht durchdrehst.

Solange ich bin, ist der Tod nicht. Und wenn der Tod ist, dann bin ich nicht. Oder so ähnlich. Von so einem Typ aus der Antike. Epikur? Einer von denen, die keine Scheißangst hatten. Die's locker nahmen. Klar, der Typ ist wahrscheinlich knochenalt geworden. Hatte jede Menge Zeit für gute Sprüche.

Der Tod gehört zum Leben. Noch ein Spruch.

Lieber Gott! Nicht ich! Bitte nicht ich! Vater unser, der du bist im Himmel, geheiligt werde dein Name, dein Reich komme, dein Wille geschehe ... Himmel, warum ich? Warum ausgerechnet ich?

What do I see, she's walking back to me?
O pretty woman.

Hör auf! Aufhören!

Du bist jetzt daneben, logisch. Der Psychostress. Aber da ist nichts. Dieses eine Mal! Und schon neun Monate her. Alles topfit bei dir! Tolle Kondition! Abwehrkräfte vorbildlich! Trotzdem, am Montag gleich zum Test. Nur zur Beruhigung. Ergebnis in einer Woche. Dann die Klausuren. Das Abi? Mit links! Danach drei Monate Freizeit. Tauchen an der Costa del Sol. Vielleicht mit Dan. Nach Seattle? Nein!

He, nach Seattle, Wolfy. Vielleicht finden wir *sie* da!, hatte

ihn Dan am Telefon beschworen. Seattle ist absolut brauchbar, hat sie gesagt. Stell dir vor, Wolfy: Wir dann schlaflos in Seattle!
Dan, sie ist bei ihrem Steve! Bring nicht alles wieder durcheinander. Wir werden sie so lange nicht vergessen, bis wir sie vergessen haben. Deine Worte! Wie oft denkst du denn noch an sie?
Und wenn sie nicht in Seattle ist, Wolfy, rüber nach Montana! Wir grasen die Rockys von oben bis unten nach ihr ab ...
Dan, es ist vorbei!

What do I see, she's walking back to me.

Es läutet. Der Pizzadienst. Wolf zahlt und legt ein überproportionales Trinkgeld drauf. Sail away.
Er packt die Pizza in der Küche aus. Sie sieht gut aus und plötzlich hat er Appetit darauf.
Soll er den Esstisch decken? Alles stilvoll, Lydias Ensemble *Toskana?* Die Kerzen anzünden? Ein Glas Rotwein dazu? Ein Glas, ja das geht, damit kann er nachher noch fahren.
Er bleibt in der Küche, benutzt das tägliche Geschirr und trinkt den Wein aus einem Wasserglas.
Dann fängst du an jede Minute deines Lebens zu zelebrieren. Das hatte dieser infizierte Musiker auf dem Rockkonzert zum Weltaidstag gesagt. Du lebst jetzt nur noch in den kleinen Zeiteinheiten. Und fängst endlich an richtig zu leben. Zu genießen. Ein Tag kann mehr Inhalt haben als ein ganzes Leben. Morgen, in einem Monat, in einem Jahr, die Gegenwart hast du dabei nie zu fassen gekriegt. Der Genuss lag immer nur in der Zukunft. Wenn du drin ankamst, war sie schon wieder unterwegs. Abgefahren nach morgen, in einem Monat, in einem Jahr. Und du hinterher. Davon bist du jetzt frei, du hetzt dich nicht mehr nach dem

nächsten Flieger ins Glück ab. Du nimmst jeden Atemzug als Glück.

Und dann der Typ, der schon ganz andere Zeitrechnungen machen musste. Total fertig sah er aus. Und total wütend war er. Hört sich toll an, deine Ankunft in der Gegenwart. Und wenn erst die ganzen Scheußlichkeiten kommen? Und sie kommen! Jede Minute, jede Sekunde musst du damit rechnen. Du willst aus'm Haus, dich was amüsieren, dein kleines Gegenwartsglück genießen. Raus aus der Bude und noch 'n Sonnenstrahl auf die abgenagten Rippen. Oder ins Kino, noch 'n bisschen Zelluloid-Illusion durch deinen rapiden Hirnschwund jagen. Kaum bist du an der Straßenecke, packt dein Darm erst mal aus. Okay, du schaffst es vielleicht noch gerade zurück oder du lässt's einfach kommen, klackklack. Die Würde des Menschen bleibt unantastbar, was? Und dann unter die Dusche, alles frisch, zum dritten Mal heute, Pampers und so. Wagst du's noch mal, deine Gegenwart aufzusuchen, wenigstens 'nen Kaffee im Homolulu oder vielleicht 'nen Bananenmilchshake, was dir ja besser bekommt! Nee, mein Lieber! Diese Scheißeinheiten, die sind deine einzige Gegenwart. Und deine ganze Zukunft. Bis zum Finale. Ach, leck mich doch mit deinem verlogenen Glück der Gegenwart. Du bist um dein Leben betrogen.

„Wir können aufgeben, Wolfy. Wir sind die glücklosen Ritter. Wie's aussieht, will sie uns beide nicht."

„Sie will uns nur als siamesische Zwillinge. Am Bauch zusammengewachsen. Damit sie sich nicht entscheiden muss."

„Für den Fall wüsste ich 'ne Lösung, Wolfy."

„Da bin ich aber ziemlich gespannt, Dan Chamber."

„Ich erschieß dich."

„Ja, prima. Ich werd schwer wie 'n Sack an dir hängen, kein

bisschen mehr kooperativ sein und in der Hitze drastisch zu stinken anfangen."
„Du hast Recht. Erschießen wir *sie?* Ich wär wahrscheinlich der Todesschütze, du hast ja 'n leichten Silberblick."
„Und du schon 'ne zittrige Hand, wenn sie zufällig mal in deine Richtung guckt."
„Ach ja? Danke, dass du mich so scharf im Auge behältst. Ich werd's abstellen. Wolfy ...?" – „Sprich dich aus."
„Sie wär dann unser Geheimnis. Ich mein, wenn wir's täten. Sie und du und ich, das wär 'n Pakt für die Ewigkeit. Wir heiraten sie beide platonisch. So wie die Nonnen den lieben Jesus heiraten. Sie wär dann für immer irgendwie da. Wir werden alte Knacker, aber sie bleibt jung und schön. Und wir können uns dran wärmen."
„Besprich deine Fantasien mit einem Psychiater, Dan. Dringend."
„Kannst du dichten, Wolfy?"
„Ich hab's noch nie versucht. Warum fragst du nicht Judy? Sie würde ein tolles Drehbuch aus deinem wuchernden Hirnunkraut machen."
„Und James Cameron den Film. Titanic II. Das Wüstenschiff. Überdimensionale Windhose und die Liebenden bis zum Hals im heißen Treibsand."
„Zu dritt! Sie zwischen uns."
„Wenn du unbedingt mit untergehen willst."
„Ich würde sie im letzten Moment retten. Nur sie und mich."
„Sand, du Greenhorn, nichts als Sand! Weißt du, was das heißt? Augen, Nase, Ohren, Mund, quasi jedes Loch mit Sand verstopft. Du siehst die Hand vor Augen nicht. Nur Sand im Getriebe. Du kannst sie nicht mal küssen und ihr den Fluchtplan erklären, so knirscht's zwischen den Zähnen."
„Vielleicht solltest du das Drehbuch doch selbst schreiben?"

„Okay. Aber du kommst dann nicht drin vor, Wolfy."

Wie Dan seine Abschlussprüfungen bestanden hat, bleibt sein Geheimnis. Die Fete findet nachts in der Wüste statt. Toller Sand aus Riesenboxen. Und ein bisschen Peace zum Träumen. Sie bleiben bis zum Morgen.

Shandy sitzt auf der Heimfahrt am Steuer, Wolf neben ihr. Die beiden haben auf Drogen verzichtet. Dan hat bei den Joints zugelangt.

„Halt mal an", sagt er von hinten.

„Musst du kotzen?", fragt Wolf.

„Nee. Im Gegenteil. Mir geht gerade 'ne echte Lebensperspektive auf."

„Darüber kannst du auch bei 60 Meilen Durchschnittsgeschwindigkeit meditieren", sagt Shandy und fährt weiter.

„Uns allen geht nämlich gleich die Sonne auf."

„Es ist dringend, Leute. Ich ... äh ... ich will mein Testament machen."

„Ach so. Dann wird's ja noch ziemlich spannend." Shandy hält an und die beiden drehen sich zu Dan um.

„Geh mal schnell die Reihe deiner Lieben durch, die du bedenken willst. Dann besiegeln wir's per Handschlag unter Zeugen und ab in die Koje. Oder setz mich als Universalerben ein, das ist das Einfachste", schlägt Wolf vor.

„Shandy, also Shandy, du kriegst 'n ziemlichen Haufen von meinen Werten."

„Fein. Hoffentlich keine Münzsammlung. Ich reise gern mit leichtem Gepäck durch die Gegend."

„Schluss damit. Mit dem Alleinreisen auf den Highways, Shandy. Ich biete dir 'ne Heimat. Ich komm mit."

„War's das jetzt? Ich mein, die Vererbung deiner Werte?" Sie lacht. „Ich hab's euch noch nicht gesagt, ihr beiden. Aber übermorgen geh ich wieder auf Tour. Runter ans

Meer. In einer Woche das Rockkonzert an der Küste, danach fahr ich zurück. In den Norden rauf."

„Shandy ..." Dans Stimme kippt.

„Oh, Mann. Zwei Wochen Wüste mit zwei wüsten Kerlen. Das reicht, oder? Ihr seid riesig nett ... also ihr seid ganz prima, echte Freunde. Aber ich hab eben noch ein paar Ziele, bevor ich zurückfahr."

„Shandy ... und wenn wir mitkommen? Du brauchst doch so was wie 'ne Eskorte."

„Ach, Dan, du bist ... na ja, du bist süß."

„Und ich, Shandy?", bettelt Wolf.

„Du bist eben Birdy. Einer, der fliegen kann. Oder jedenfalls wie 'ne Gazelle sprinten. Das ist auch was Tolles."

„Dann lauf ich immer neben dir her."

„Das geht nicht, Birdy. Der Platz ist schon besetzt. Das wisst ihr doch."

„Logisch. Dein Schutzengel", sagt Dan.

„Ja, Steve. Ich liebe ihn. Damit ist jetzt endgültig alles klar, okay?"

„Alles klar", sagt Dan wie beiläufig. Dann schweigen sie.

„Dass er 'n toller Draufgänger ist, dieser Steve, wissen wir ja schon. So 'n Bärentöter, einer, der mit dem Bär tanzt und so. Aber sonst? Hat er so viel Charme wie wir?", fängt er dann wieder an.

„Ich liebe ihn, das muss euch genügen."

„Okay, dann ist er wirklich 'n Supertyp und wir zwei reichen ihm grad mal bis ans Knie. Symbolisch, mein ich." Dan guckt melancholisch.

„Aber warum hat er seine Nachprüfungen nicht einfach sausen lassen und ist mit dir auf die Piste gegangen? Ist er vielleicht nicht ganz wüstenfest?", fragt Wolf.

„Damit er aufs College kann. Er hat's ziemlich schleifen lassen. Wir haben uns zu oft auf den Highways rumgetrieben. Im Moment ist es besser, wenn sich Rob um ihn kümmert. Der hat's mit Bravour geschafft und trichtert ihm den

Stoff jetzt ein. Ich wär da nur eine Bremse. Wenn Rob ihn durch die Prüfungen kriegt, dann gehen Steve und ich zusammen nach Seattle. Er aufs College und ich zieh da irgendwas auf. Vielleicht ’ne Fahrschule oder so. Oder auch ’ne Kneipe. Seattle ist absolut brauchbar.

„Ah, gut zu hören, dass dein Steve nicht auf allen Gebieten perfekt ist. Da fühl ich mich jetzt auch schon wieder ’n bisschen größer“, sagt Wolf.

„Wir könnten mit euch nach Seattle gehen. Du machst die Kneipe auf, wir schleppen das Bier und dein Steve bringt Bärenfleisch ran. Für Steaks. Lass uns mitkommen.“

„Ach, Dan ...“ Shandy lacht leise und irgendwie klingt es zärtlich.

„Na, schön“, gibt sie dann nach, „wir können ja noch zusammen runter ans Meer. Bis das Rockkonzert gelaufen ist. Danach nehm ich die Fünferroute bis Oregon. Und von da aus rüber nach Montana.“

„Lass uns bis San Francisco mitkommen, ja? Wir haben da sowieso noch ’ne Kleinigkeit zu erledigen, nicht Wolfy? Allen Ginsberg. Die Golden-Gate-Strecke“, sagt Dan. „Wir geben dir bis San Francisco Geleitschutz und dein Steve entlohnt uns dafür. Halbe halbe.“

„Wovon die Hälfte?“

„Von deinen Herzschlägen. Jeder zweite Schlag für uns. Übrigens, damit wir mein Testament nicht vergessen: Ich vermach dir noch zu Lebzeiten mein komplettes Herz. Seit vierzehn Tagen isses ’n bisschen flippig. Bumm bummbumm buuuum. Aber sonst noch ziemlich unverbraucht.“

„Du bist ...“

„Er ist süß, okay. Und ich, Shandy?“

„Ach, Birdy, du bist auch ein netter Junge.“

„Danke. Das versetzt mich jetzt in einen wahnsinnigen Siegestaumel.“

„Ruft mal an, Kinder“, sagt Judy und drückt sie nacheinander gegen ihre Latzhosenbrust.
„Klar, machen wir. Wär toll, wenn du dann abheben würdest“, grinst Dan.
Benny dreht sich von ihm weg, als er ihn umarmen will. „Hau endlich ab“, schluchzt er und versetzt Dan einen Tritt vors Schienbein.
„Sorry, Kleiner. Das Leben ist nun mal so. Auf und davon. Und wiederkommen. Das ist das Schönste dran, wenn du weg warst und wiederkommst. Und ich komm wieder, das schwör ich dir beim Rabbit.
Er schwingt sich über die Treppe hinters Steuer und lässt den Motor an. Als der Wagen die Auffahrt runterrollt, rennt Benny hinterher. Dan stoppt, steigt noch mal aus, hebt ihn hoch und schwingt ihn durch die Luft. „Geh ans Telefon, Kleiner, wenn's klingelt. Wer soll es denn sonst tun! Unsere Mom lebt im Moment ja bei Stella und Tom in Alaska. Und denk dran, das Wiederkommen ist das Schönste am Wegfahren. Küss das Rabbit von mir. Und versuch die süße Pamela rumzukriegen.“
Dann starten sie, Shandy fährt voraus. Ihre Haare flattern unter dem Helm im heißen Wind.
„Unsere Standarte“, sagt Dan. „Unsere heilige Johanna. Folgen wir ihr.“

Wolf räumt gerade das Geschirr in die Spüle, als das Telefon läutet. Lydia ist am Apparat. In Nizza läuft alles bestens. Das Wetter spielt mit. Sie kommen gut voran. Vielleicht wird sie noch zwei oder drei Ferientage dranhängen.
„Mit Jean-Pierre?“
„Es macht dir doch nichts aus, Wolf? So weit alles in Ordnung?“
„Hmm.“
„Wölfchen?“

„Hmm?“

„Wirklich alles in Ordnung mit dir? Warst du bei Philip?“

„Hm.“

„Warum bist du zum Wochenende nicht dort geblieben?“

„Bei den beiden Turteltauben?“

Sie lacht. „Eigentlich hast du Recht. Die beiden genügen sich selbst.“ Sie hat es ganz gern, wenn er sich ab und zu auch ein bisschen über die beiden mokiert.

„Ich werd nachher wahrscheinlich auf ’ne Fete zu Laura gehen.“

„Okay, dann viel Spaß. Bis bald, Wölfi.“

„Tschüs, Mom.“

Noch viereinhalb Stunden bis elf. Dann wird er sich mit Julia treffen. Er muss die Zeit bis dahin rumkriegen. Im Zeitraffer. Nicht diese tickenden Sekunden: eine, zwei, drei ....

Er kann ins Kino gehen. Oder doch bei Laura vorbeischauen. Von da aus zur Brandstraße 12. Worst Case Company. Ein neues Alternativ-Theater. Er hat einmal so einen Flyer von denen in die Hand gedrückt bekommen: Wir machen das *andere* Theater.

Darunter die Ankündigung eines klassischen Stücks. Was noch mal?

Julia als Kleinbühnen-Künstlerin? Aber mit großen Ambitionen wahrscheinlich. Vielleicht hofft sie auf eine Filmrolle. Und so wie sie aussieht, hat sie Chancen. Wenn sie auch noch Talent hat ...

Oder macht sie da nur die Maske? Er könnte jetzt schon hinfahren. Aber sie haben elf Uhr ausgemacht. Einfach dort reinschneien, hallo, Julia?

Lieber nicht.

Er macht den Fernseher an.

– Venostasin gegen müde und geschwollene Beine. Zu Risiken und Nebenwirkungen fragen Sie den Arzt oder Apotheker.

– Die Q10-Formel von Nivea Visage gibt Ihrer Haut Spannkraft und Jugend zurück.
Zapp.
– Die klügere Zahnbürste gibt nach.
Zapp.
– Bayern München oder Borussia Dortmund auf dem Weg zum deutschen Meister? Probleme bei Ferrari vor dem Großen Preis von Monte Carlo.
Wolf schaltet ab und schlägt in der Tageszeitung das Kinoprogramm nach. Am besten zum Odeon-Palast. Acht Filme dort, einer wird schon dabei sein, mit dem er es zwei Stunden aushalten kann.
Danach Julia. Was will er wirklich von ihr?
Sie soll diese tickenden Sekunden in seinem Kopf abschalten. Damit die Angstmaschine ihn nicht überrollt. Oder ist da noch was anderes im Spiel? Ja. Okay. Er hat sich wirklich verknallt. In sie oder nur in ihr Aussehen? Beides. Na klar wär es nicht passiert, wenn sie so ein Durchschnittsmädchen mit einem Durchschnittsgesicht wär.
Stimmt nicht. Im Moment würde er sich an jede klammern. Kann er sich in diesem Zustand überhaupt verknallen? Es ist die Angst.
Bis nachher, Romeo Montague.
Bis nachher, Romeo Steinbach.

Er hat den Golf vor der Tür geparkt. Friedmann hängt unten im Fenster. „Schon wieda uff Brautschau, Wölfken?“
„Das Leben ist, wie's ist, Herr Friedmann.“
„Wem sachste det. Ich kenn mich da ooch wat aus. War ja selbst ma so eener. Immer vorneweg. Denn amüsier dir mal jut.“
„Zu Befehl, Herr Friedmann.“
„Nicht so wie bei de Soldaten, Wölfken. Brauchste nich. Bin ja man bloß der alte Friedmann. Musste nich vor

strammstehen. Die Zeiten vons Strammstehn sind vorbei. Jott sei Dank ooch."

„Klar. Heute ist alles ganz easy. Schönen Abend noch."

„Und wie! Inne Röhre kieken. Und dann inne Heija. Aleene. Wie et sich für so 'n ollen Knacker jehört." Er kichert und winkt Wolf nach.

Nach zehn Minuten ist Wolf im Odeon. In welchen Film soll er gehen?

Vom Fliegen und anderen Träumen. Der Titel würde passen. Wolf, der Abflieger. Die *anderen Träume?* Julia heißt einer. Aber der ist gefesselt. An das Virus in seinen Blutbahnen.

Das Virus, meine Herrschaften, ein ultrakleiner, kapriziöser Gast. Sehr gefräßig, ohne selbst für seinen Stoffwechsel zu sorgen. Es hat einen untrüglichen Instinkt dafür, bei welchem Wirt es sich einnisten muss. Und dann fährt es Schlitten mit ihm. Nimmt ihn aus, raubt ihm alle Reserven. Und der Wirt, meine Herrschaften, die Zelle, diese kleinste, aber hoch spezialisierte Einheit des Lebens, gibt schließlich auf.

Soll er eine Kinokarte fürs Fliegen und Träumen lösen? Er liest den Text auf dem Plakat. Ein Mädchen im Rollstuhl und aufs Sterben krank, hat nur einen Wunsch, und der ist total legitim: Liebe machen, bevor es zu Ende ist. Makaber? Wieso denn, verdammt, wieso denn? Sie hat einen jungen Körper mit der ganzen Sehnsucht zum Fliegen drin. Zum Abheben, zum Lieben. Okay, spastische Lähmung, Muskelschwund, aber die Außenhäute noch wunderschön intakt, wie man sieht. Sie hat eine Seele, ja man kann sie sehen, in ihren Augen! Und sie hat eine Menge überschüssiger Hormone. Sie wird sterben. Aber sie hat trotzdem oder gerade darum eine Riesenlust aufs Liebemachen. Bis in die Haarspitzen. Und alle Zellen von dieser Jane mit den sehnsuchtsvollen Augen machen mobil zum Liebesflug. Du fliegst hoch auf und fällst und traumhaft schöne Landung.

Ich möchte in den Lüften sterben. Klar, Allen Ginsberg, genau dann! Das wär's!
Tja, meine Herrschaften, der Tod. Keiner entkommt ihm. Früher oder später tritt er an uns heran. Manchmal fordernd, manchmal sanft. Aber mit unserer letzten Stunde macht er's dann meist doch gnädig und kommt mit einem barmherzigen Rausch daher. Mobilisiert Endorphine. Dann ist man entspannt und folgt ihm williger. Sie, meine Herrschaften, kennen wahrscheinlich alle schon diesen gewissen kleinen Tod. In *Ihrem* Alter und mit *dem,* was sich hormonell so alles in Ihnen zusammenballt. Dieser kleine Tod, der Orgasmus, tanzt auf allen Hochzeiten. Mischt das Leben auf, ja, er bringt es geradezu hervor. Doch alles, was entsteht, ist wert, dass es zugrunde geht. Es trägt den Keim des Untergangs schon in sich. Fragen Sie die Dichter!
Nein. Heute nicht die poetische Seite von Bio-Schöllers Theorien.
Wie wär's mit *Marrakesch?* Die tolle Kate Winslet aus der Titanic ausgebootet und in Hippieklamotten in den gelben Wüstensand verfrachtet. Als Aussteigerin. Ihr Filmname: Julia! Diesen Film besser auch nicht. Julia später und live.
Dann sitzt Wolf im Saal 5 und sieht sich alten Bekannten gegenüber. Nicolas Cage, der den coolen Typen in *Con Air* spielt, und Danny Trejo, der Kerl mit der brutalsten Visage unterm Himmel. Diesen Ballermann-Streifen hat er zusammen mit Dan gesehen. Doch als heute die Gangsterbande in die Con Air einsteigt und abhebt, hat Wolf genug davon und geht raus. Die Schwerverbrecher werden sich noch ziemlich schlecht benehmen. Ihr Flugkurs: Der härteste Knast in Amerika, irgendwo in Nevada. Und dieser Nicolas Cage alias Cameron Poe mitten unter ihnen, mehr aus Versehen dabei. Er vertritt die Seite der beinah Unschuldigen in diesem Streifen, wo die Rollen klar in Böse und Gute verteilt sind. Kein Vertun: hier gut, da böse.
Bordmeuterei, die Maschine wird von den Ganoven gehi-

jackt, ein paar werden umgelegt, eine Alibifrau in diesem Machostück entgeht dank dem Einsatz des guten Cameron einer Vergewaltigung. Die Flugkiste landet bei dem Showdown mit der Nase im Sand von Death Valley. Schrott und Feuer. Und ganz nebenbei 48 Grad Celsius. Wer überlebt hat, muss wieder in die Luft. Diesmal landen die Fluggäste auf der Main Street von Las Vegas, cool und gekonnt. Explosionen, noch hier und da Schießereien, dann siegt die Gerechtigkeit. Die Bösen in Handschellen und der Held Cameron schließt nach sieben Jahren seine ihm treu gebliebene Ehefrau in die Arme. Und sein Töchterchen, das ihn zum ersten Mal sieht, sagt gleich Papa zu ihm. Logisch. Ende gut, alles gut.

Als Wolf und Dan damals aus dem Kino gekommen waren, war's auch noch heiß hergegangen zwischen ihnen. Meine Güte, wie still es ist, wenn kein Film läuft, hatte Dan geseufzt. Und nicht mal 'ne Fehlzündung im Vergaser. Dann hatte er plötzlich das Gas durchgetreten, sich am Lenkrad abgestemmt, den Kopf in den Nacken geworfen, die Augen geschlossen und dabei einen Wahnsinnsschrei losgelassen. Dan, der Verrückte! Okay, es war auf der Strecke nur schnurgeradeaus gegangen, trotzdem. Wolf hatte mit dem Arm ausgeholt und war mit der Faust direkt in Dans Magengrube gelandet. Irgendwie hatte Dan noch rechtzeitig die Bremse gefunden und den Wagen zum Halten gebracht. Dann hatte er Wolf rausgezerrt und sie hatten sich geprügelt, bis sie erschöpft liegen geblieben waren. Wolf mit aufgesprungener Lippe, Dan mit einem Veilchenauge und Nasenbluten. Für 'n Zweipersonenstreifen war das jetzt gar nicht so schlecht, hatte Dan gekichert. Siehste, Wolfsmensch, manchmal kannste eben doch 'n bisschen Leben in die Wüste bringen. Ist aber beinah so schwer wie Eulen nach Athen tragen. Wirklich 'n hartes Stück Arbeit.

Wolf geht durchs Foyer auf den Kiosk zu, sieht sich die Starfotos am Drehstand an, kauft eine Tüte Karamellbonbons und blättert ein wenig in den ausgelegten Zeitschriften und Büchern. Das Drehbuch zu Romeo und Julia! Dieser Film der Extraklasse von Baz Luhrmann. Die Rollen hochklassig von Leonardo DiCaprio und Claire Danes gespielt. Er hat ihn dreimal gesehen. Romeo und Julia als echte 2000er-Kids im Originalsound Shakespeare, hier und mit Jargon gemixt. Das war der eigentliche Gag. Er schaut sich die Fotos drin an. Her damit!

„Das macht 6,90", sagt die hübsche Verkäuferin an der Kasse und lächelt ihn an. „Danke."

„Bitte und einen wunderschönen Abend."

„Dasselbe", sagt sie und packt noch ein Lächeln drauf.

Dann geht er ins Café rüber, bestellt einen Cappuccino und liest.

Dieser Steve muss magische Kräfte haben. Der Zauberer von Montana. Weißt du zufällig, wie das mit der Liebe funktioniert, Wolfy? Zack, auf einmal ist sie da."

„Man nehme exakt so ein Mädchen wie Shandy und einen umwerfenden Kerl wie mich und der Rest braut sich von selbst zusammen."

„Du legst bei deiner Selbsteinschätzung die Latte ziemlich hoch an, Wolfy. Du weißt doch, Hochmut kommt vor dem Fall. Aber da kommt erst mal unsere heilige Johanna."

Shandy läuft auf sie zu, schüttelt ihre nasse Mähne über ihnen aus und strahlt. Sie legt sich zwischen sie und lässt sich von der Sonne trocknen. Dan darf die Sonnenmilch auf ihrem Rücken verreiben. Wolf sieht seine Hand über ihre Schultern kreisen und sehr langsam bis an den Rand des knappen Binikihöschens runterwandern. Für eine Sekunde, die Wolf wie eine Endloszeitlupe vorkommt, schiebt sie sich fingerbreit drunter.

Er springt auf. „Ich mach mal 'ne Trainingsrunde", und sprintet los.

„Verausgab dich nicht!“, ruft Dan ihm nach.

Sie wohnen in einem Haus am Venice Beach zusammen mit anderen Hausbesetzern. Sie sind bei den nächtlichen Chaosfeten am Meer dabei, verdösen die heißen Mittagsstunden, werfen sich am Abend gegen die anrollende Brandung, leihen sich Surfbretter und versuchen sich im Wellenreiten. Die Tage mit Shandy fliegen dahin.

„Direkt nach dem Rockkonzert fahr ich los“, hat sie gesagt. „Bis San Francisco könnt ihr dabei sein.“

„Wenigstens noch ’ne Galgenfrist“, hat Dan geseufzt.

Für das Konzert in zwei Tagen wird schon an der Tribüne gebaut. Bekannte Gruppen sind angekündigt. Aber auch Newcomer, die groß rauskommen möchten. Abends gibt’s die eine oder andere Generalprobe am Strand und Joints und E machen die Runde.

Zwischen Wolf und Dan liegt dieses knisternde Hochspannungsfeld. Nach außen machen beide ihr Pokerface – alles ganz easy –, nach innen Stromstöße. Shandy zwischen ihnen und dieser verflixte Steve ist auch immer dabei. Wenn’s ihn nicht gäb, was dann?

Zwei Tage noch. Sie sitzen in der Strandbar, trinken Cola und schlecken Eis. Nachher ruft Dan zu Hause an.

„Ich muss zurück“, sagt er tonlos, als er wieder an den Tisch kommt und lässt sich auf den Stuhl fallen.

„Warum?“, fragen Wolf und Shandy wie aus einem Mund.

„Das Rabbit. Es hat die Schieteritis.“

Die beiden lachen. „Deswegen willst du ins Wüstenloch zurück?“

„Ja. Deswegen.“

„Aber das Rabbit ist doch sowieso schon scheintot“, sagt Wolf halbherzig. Warum soll Dan eigentlich nicht das Hochspannungsfeld räumen, um Bennys Mümmelmann noch mal auf die Beine zu helfen. Oder erwartet er, dass

Wolf mitkommt? Wegen einem sowieso schon abgelebten Karnickel?
Aber dann sieht er Bennys braunen Kinderblick vor sich und da mitten hinein wiederholt Dan, dass er fahren muss, weil es nicht um den Schiet vom Rabbit geht, sondern um Bennys Stück Herz, das am Rabbit hängt. Es geht um sein Kinderseelenheil. Und Judys Mutterherz ist zurzeit gesplittet, ein Teil ist ja beim Baby von Stella und Tom.
„Wann willst du los", fragt Wolf und schließt mit der Formulierung aus, dass er mitkommen wird.
„Gleich." Dan vermeidet es, Shandy und Wolf anzugucken, und starrt aufs Colaglas. Es sieht so aus, als wartete er noch auf was. Vielleicht, dass Shandy was sagt. Wolf, fahr mit ihm zurück. Es sind doch sowieso nur noch zwei Tage.
Aber Shandy sagt nichts. Sie spielt mit dieser Kette am Hals, ihrem Talisman. Und Wolf sagt auch nichts. Dann sagt er halblaut und halbherzig: „Scheiße."
Sie kaufen ein paar Getränke und verstauen sie in der Kühltasche im Buick.
„Schade, Dan", sagt Shandy, legt ihre Arme um ihn und küsst ihn auf die Wange.
„Ja, schade", sagt Wolf betreten, aber es ist doch dieses kleine aufgeregte Zittern in seiner Stimme. „Vielleicht kannst du zum Konzert wieder hier sein?"
Dan antwortet darauf nicht. „Bye, Bella." Er küsst Shandy leicht auf den Mund und sie lässt es zu und schließt für einen Moment die Augen. Wolf kriegt noch diesen melancholischen Blick von ihm ab: Okay, du hast gewonnen. Kampflos. Aber der Sieger bin ich. Dann startet er und rollt ganz langsam die Straße runter, so als wolle er sich in Wolfs Gewissen reinrollen.

Zehn Minuten noch bis elf. Wolf parkt vor dem Lagerhaus. Nur ein kleines Schild neben dem Eingang weist darauf hin, dass hier auch ein Theater untergebracht ist. Neben der Tür hängt ein Spielplan aus. Heute ist „Wie's uns *nicht* gefällt" dran. Mit Shakespeare wird es wohl nicht viel zu tun haben, auch wenn der Titel halb von ihm geklaut ist. Gleich wird Julia rauskommen und „Hallo, Wolf" sagen. Oder vielleicht noch mal auf diese zärtliche Art: „Hallo, Romeo Montague." Sie werden ins Auto steigen, wohin sollen wir fahren? Zur Fete bei Laura? In die Disko? Noch mal ins Kino? Zu dir, würde er dann gern vorschlagen, aber er weiß, dass er's nicht tun wird.

Er kann das Theater ja mal kurz von innen besichtigen. Die Vorstellung ist wahrscheinlich schon zu Ende.

„Wohin willst du?", fragt ihn der langhaarige, hagere Typ mit der Goldrandbrille, der ihm an der Tür begegnet.

„Zu Julia", sagt Wolf und es scheint ihm, dass der Typ ihn jetzt schärfer ansieht.

„Treppe runter." Dann kümmert er sich nicht mehr um ihn, geht raus und schließt hinter sich ab.

Wolf sieht sich um, ein kleines Foyer, so was wie eine Bar, daneben geht's ein paar Stufen abwärts und er ist in einem großen Kellerraum mit Bühne, auf der noch zwei Leute hantieren.

„Ich will zu Julia", sagt er. Seine Stimme hat hier ein Echo und seine Schritte hallen. Aber die beiden rücken eine Berglandschaft und kümmern sich nicht um ihn. Dann rumoren sie noch einen Moment hinter der Bühne, auf einmal ist es still.

Wolf horcht. Nichts. Die Kulissenschieber tauchen nicht wieder auf. Und Julia? Sie kann noch nicht gegangen sein. Der Langhaarige im Foyer hätte ihn sonst nicht hier runtergeschickt. Oder gibt es einen zweiten Ausgang und sie wartet schon draußen? Und er ist nicht da? Na, der hat sowieso 'nen Sockenschuss, wird sie denken und gehen. Und er ist hier eingeschlossen. Was jetzt? Ein Telefon werden sie hier doch hoffentlich haben, er wird ihre Nummer wählen. Er weiß sie schon auswendig. Erst mal wird sie nicht abheben. *Versucht's noch mal, Leute. Und sagt was Nettes nach dem Piepton.* Und wenn sie nicht nach Hause geht? Zu einem Freund vielleicht?

„Julia!“ Plötzlich gerät er in Panik. Er läuft zur Bühne und springt die Stufen rauf. „Julia! Julia!“

„Bist du nicht dieser Romeo Montague?“ Sie kommt hinter dem blauen Vorhang aus zerschlissenem Samt auf ihn zu, in Jeans und Rollkragenpulli, in der Hand einen Kamm. Sie wirft ihren Kopf mit dem schwarzen Engelshaar leicht in den Nacken und lächelt.

„Wenn du möchtest, Julia Capulet, bin ich Romeo. Ich kann mich aber auch in Donald Duck verwandeln. Ganz wie du willst.“

„Sei hauptsächlich du selbst. Du hast übrigens Glück, dass du gerade so laut um Hilfe gerufen hast. Sonst wär ich gegangen und du wärst hier eingekerkert.“

„Ich hab magische Kräfte, wenn's darum geht, Mauern zu sprengen und Juwelen aufzuspüren. Ich wär einfach durch die Wand gegangen. Du weißt doch: *Kein Hindernis aus Stein hält Liebe auf. Was Liebe kann, das wagt sie auch.“*

„Shakespeare. Kennst du dich da aus?“

„Ziemlich. Jetzt bist du dran: *Musst ich mich denn in einen Feind verlieben?“*

„Bist du denn ein Feind? Außerdem: Um so zu fragen, müsste ich ja erst mal verliebt sein.“

„So unbefriedigt lässt du mich hier stehn?“

„Ja, wie befriedigt willst du heut Nacht gehen?“

„Mit deinem Liebesschwur im Tausch für meinen.“

„Ach, lass das Schwörn ... Das geht zu schnell, zu unbedacht, zu plötzlich ... Die Liebesknospe blüht im Hauch des Sommers vielleicht zur Blume auf.“

„Knospen tut's aber schon im Mai, Julia.“

Sie lacht. „Ach ja. Komm, lieber Mai, und mache die Bäume wieder grün. Du könntest übrigens gut bei unserer Truppe mitmachen."

„Klar, ich würde die Sterbefälle bei euch übernehmen. Romeo, Hamlet, Prinz Friedrich von Homburg."

„Vielleicht willst du sie dir ja vom Hals spielen?"

„Kann sein. *Seit ich mein Grab sah, will ich nichts als leben.* Und dann hat sich der Autor selbst umgebracht. Eine Kugel für seine Freundin, die zweite für sich."

„Armer Kleist. Aber sein Prinz wird am Ende begnadigt. Und kriegt sogar noch seine Natalie."

„Nachdem er sie vorher in die Pfanne gehauen hat, um damit vielleicht seinen Kopf zu retten. Natalie? Alle Zärtlichkeit für sie ist aus meinem Busen gewichen." Wolf legt die Hände über seiner Herzgegend aufeinander und macht ein zerknirschtes Gesicht.

„Tja, auch die Liebe kann an ihre Grenzen stoßen. Die Liebe oder sein Leben retten, und du sollst dich da entscheiden. Ich weiß nicht ... das kann so oder so ausgehen."

„Im Zweifelsfall fürs Leben?"

„Wahrscheinlich in den meisten Fällen. Mit Ausnahmen. Und daraus werden dann Filme gedreht und Theaterstücke gemacht. Woher kennst du dich übrigens in den Rollen so gut aus?"

„War auch mal Mitglied in so einer Worst Case Company. Viele Shakespeare-Experten drunter. Wahrscheinlich weniger professionell als bei euch. Dafür mitten in der Wüste."

„Interessante Kulisse. Übrigens, willst du noch unsere Requisitenkammer besichtigen? Du kannst da in die eine oder andere Rüstung steigen."

„Oder in einen Wolfspelz. Dann könnten wir Rotkäppchen aufführen."

„Ich hab jetzt aber Feierabend. Wohin wollen wir gehen?"

„Zu dir?"

„Hier wohn ich." Julia zeigt auf eins der alten Patrizierhäuser hinter einer verwilderten Gartenhecke.
Wolf hält an. „Nobel", sagt er, obwohl es einen schon baufälligen Eindruck macht.
„Warte, bis du drinnen bist."
Das Portal ist nicht verschlossen. Sie betreten die Eingangshalle, alles ist in einem verwahrlosten Zustand. Der Stuck bröckelt von der Decke, die Wände haben Risse und der Putz rieselt, die Treppe aus Mahagoni sieht direkt ein bisschen riskant aus.
„Ein Überbleibsel aus der Hausbesetzer-Zeit", erklärt Julia. „Die Stadt hat es übernommen. Der Besitzer hatte den alten Kasten hier aufgegeben. Und die Stadt hat kein Geld zum Renovieren. Vielleicht reißen sie es bald ab."
„Wer wohnt sonst noch in dem Dornröschenschloss?"
„Noch drei Leute von unserm Theater. Sonst lebhafter Wechsel. Da lernt man seine Nachbarn nur flüchtig kennen."
Julia wohnt im zweiten Stock. Ihre Tür ist auch nicht verschlossen. Das Zimmer ist geräumig und hell gestrichen, über dem alten Parkettboden liegt ein blauweißer Webteppich. An den Wänden großflächige Schwarzweißfotos. Bühnenszenen und Porträts, Grünpflanzen überall, eine Sitzecke mit hellen Korbmöbeln. Auf dem niedrigen Diwan eine Patchworkdecke in Pastellfarben. Ein Wandregal voller Bücher, auf dem Boden ein aufgeschlagenes Skript, daneben eine Mini-Stereoanlage. Ein paar CDs liegen drum herum.
„Total gemütlich hier", sagt Wolf, bleibt mitten im Raum stehen und sieht sich um. „Aber gibt's bei euch kein Intimleben? Ich meine, hinter verschlossenen Türen und so? Habt ihr keine Schlüssel?"
Sie lacht. „Wir haben Klopfzeichen. Einmal Klopfen heißt: Darf ich reinkommen? Zweimal: Ich stürm jetzt deine Bude."

„Und bei dir wird wohl immer zweimal geklopft? Stürmische Zeiten?“

„Also, ich hab den Schlüssel verlegt und noch nicht wieder gefunden. Das mit der sturmfreien Bude hält sich in Grenzen. Aber setz dich doch irgendwo hin.“

Er schaut sich noch mal um und setzt sich dann auf den Diwan. Sie zündet ein paar Kerzen in dem hohen Leuchter daneben an und schaltet die Lichtsäule drüben bei den Grünpflanzen ein. Das Wasser darin beginnt zu sprudeln und alle paar Sekunden die Farbe zu wechseln.

Dann verschwindet sie für einen Augenblick durch eine Tür. Was macht sie dahinter? Vielleicht ist es das Bad? Oder die Küche? Sie ist wirklich ein merkwürdiges Mädchen. Sie wohnt allein, kein Typ, mit dem sie zusammenlebt, sie schließt ihre Wohnung nicht ab. Alles offen, auch in der Liebe? Sie mag die zugenagelten Beziehungskisten nicht. Wie alt ist sie? Er schätzt sie auf höchstens zwanzig. Sie ist so schön, dass sie bestimmt nicht dauernd allein schläft. Einen festen Freund scheint sie aber nicht zu haben. Heute den, morgen den? Mehrere gleichzeitig? So ein Kommen und Gehen wie mit ihren Nachbarn? Ihm fallen Wörter ein wie leichtes Blut, Theaterblut. Das Leben, für sie nur Rollenspiele?

Sie kommt jetzt raus und trägt einen weißen Trainingsanzug. Sie hat sich da drin also umgezogen.

Er fühlt wieder das Ziehen hinter dem Brustbein. Ist es ihre Schönheit? Oder ist es seine Angst? Schöne Mädchen bringen Unheil, faselt er in sich hinein. Wie Shandy. Man darf sich nicht in sie verlieben.

Shandy und Julia: genau die Sorte Mädchen, in die er sich verliebt. Beide schön und selbstbewusst. Auch Laura hat was davon. Aber sie hat gleichzeitig diesen kühlen Kopf und behält ihn auch, wenn es um Liebe geht. Mit Laura wär alles glatt gelaufen. Liebe mit ihr? Etwas Gefühl, ein Markenpräser und ein passabler Höhepunkt. Safety first.

Nebenbei Schule, dann Karriere und später vielleicht so eine Vernunftsbeziehung mit einem Kind. Aber Mädchen wie Shandy und Julia? Stopp! Hände weg! Erlkönigs Töchter! Sirenen! Sie singen und du säufst ab.
Er kichert wieder. Irgendwas braut sich in ihm zusammen. Ein explosives Gemisch. Wie gestern, als er auf E war.
„Möchtest du was trinken? Tee? Kaffee? Wein?“, fragt Julia in seine Fantasien hinein.
Ob er was trinken will? Ach ja, er ist ja ihr Gast. Da fragt man so was. Und heute Morgen? Da hat sie ihn in seiner eigenen Wohnung auch wie einen Gast behandelt. Na und? Das hat ihm doch imponiert! Sie ist unkonventionell, beschlagnahmt in einer fremden Wohnung ein fremdes Bett, sucht sich in fremden Schränken fremde Klamotten zusammen, macht Frühstück in einer fremden Küche und lädt ihn ein: Komm, setz dich doch. Als wenn *er* der Fremdgänger wär.
„He, Träumer“, sie wedelt mit der Hand vor seinen Augen. „Ich hab dich was gefragt!“
„Tee oder Kaffee nur, wenn du vorhast mich gleich wieder rauszuschmeißen. Sonst Wein.“
„Also Wein“, sagt sie, holt zwei Gläser und gießt aus dieser bauchigen Flasche mit Blechdeckel ein. Kalifornischer Rotwein, ganz gute Qualität, den hatten sie abends am Strand von Venice getrunken. „Dann darf ich noch ein bisschen bleiben? Die ganze Nacht?“
„Vielleicht. Aber lass uns erst mal anstoßen. Auf einen schönen Mai?“, sagt sie und hebt ihr Glas. „Auf eine schöne Nacht!“, sagt er, stößt mit ihr an und lacht trocken auf. Was passiert da mit ihm? Er spürt diesen gereizten Unterton in seiner Stimme, er kann ihn nicht rausfiltern.
Er kippt das erste Glas runter und gießt sich selbst nach. *„Auf einem Fest ...“* Seine Stimme kippt. Er bricht ab. Dann das hysterische Kichern. Er kriegt sich nicht mehr in den Griff.

„Na, ein Festgelage soll das nicht gerade werden“, sagt Julia und sieht ihn forschend und mit fragenden Stirnfalten an. „Du hast doch was? Bist du wieder auf ’nem Trip? He, Wolf, du kannst mit mir reden, wenn’s dir nicht gut geht. Wenn du ein Problem hast.“

„Hab ich was? *Auf einem Fest bei meinem Feind ...* Und da, so wie ein Blitz, verwundet mich eine, die ich verwunde.“

„Wolf, ich würde für heute wirklich gern Feierabend vom Theater machen. Vielleicht war das mit dem Wein doch keine so gute Idee?“

„Odysseus muss die Sirenen besiegen.“

„Er kann sie nur besiegen, indem er klug handelt. Er lässt sich am Schiffsmast festbinden. Und als sie zu singen anfangen, kann er nicht von Bord.“

„Ich hör sie, Julia ...“ Seine Stimme kiekst, ein halber Schluchzer, dann wieder das Kichern. „Und *ich* bin nicht angebunden.“ Nicht, Wolf, bettelt eine Stimme in ihm. Nicht! Sie ist ein tolles Mädchen. Und sie hat *damit* nichts zu tun.

„Was ist los mit dir, Wolf? Wenn ich dir irgendwie helfen kann ...?“

„Kannst du“, sagt er und zieht sie von ihrem Stuhl runter neben sich auf den Diwan. Was hat er vor?

Wolf und Shandy laufen am Strand entlang. Am späten Nachmittag ist ein starker Wind aufgekommen. Sie halten sich an den Händen und laufen gegen die tosende Brandung.

Wolf bleibt stehen und zieht Shandy an sich. Er spürt ihre Abwehr.

„Nicht, Wolf. Ich hab außerdem Hunger, lass uns nach Hause zurückgehen“, sagt sie.

Sie laufen jetzt schweigend nebeneinander. Hinter dem Surfbrettverleih geht der Weg ab zu dem alten Haus auf der

Anhöhe, in dem sie wohnen. Sie stapfen hinauf, verlegen und wie in Eile.

Das Haus ist voller Leute, in der Küche wird auf dem Gasherd gekocht, jemand schiebt zwei Pizzableche in den Ofen.

Sie setzen sich dazu, essen und trinken mit, hören Bon Jovi und alte Beach-Boys-Platten, nachher bringt einer mit Gitarre Johnny-Cash-Songs. Sie trinken diesen kalifornischen Rotwein aus den bauchigen Flaschen mit Blechdeckel.

„Ich werde Steve gleich anrufen", sagt Shandy. „Er wartet bestimmt schon."

„Okay, ich komm mit und ruf Dan an. Mal sehen, wie's dem Rabbit geht."

Der Wind ist abgeflaut, nur eine leise Brise weht jetzt in der Bucht. Sie laufen zur Bar, trinken eine Cola, dann geht Shandy zum Telefon rüber. Wolf sieht, wie sie wählt, lange wartet, sie lässt es mindestens zehnmal läuten, dann legt sie auf und kommt zurück.

Soll er jetzt was sagen: Na, wo treibt sich dein Steve heute denn rum? Er ist doch sonst immer brav zu Hause, wenn du anrufst.

Shandy setzt sich, streicht mit dem Finger über den Rand des Colaglases. „Ich versuch's später noch mal. Vielleicht feiern Rob und er ja heute die Nachprüfung."

„Hm", macht Wolf. „Dann ruf ich jetzt Dan an, soll ich was ausrichten?"

„Nein, ich komm mit."

Wolf wählt, nach dem vierten Läuten meldet sich Dan. Das Rabbit?

„Ist tot. Hat wohl Ölsardinen gefressen. Abartig."

„Hm ja. Ziemlich abartig", sagt Wolf. „Tut mir Leid." Er möchte gern fragen, wie es Benny geht. Aber er fragt nicht.

„Also dann ... du wirst jetzt wohl nicht zum Konzert kommen?"

„Nein."
„Moment ..." Wolf gibt den Hörer an Shandy weiter. „Das Rabbit ..."
„Dan? Tut mir so Leid für Benny. Nimm ihn von mir in die Arme und sag ihm, dass sein Rabbit jetzt im Himmel ist. Und ... Bye, Dan. Du bist ..." Sie bringt den Satz nicht zu Ende. „Bye, Dan", sagt sie noch mal leise, dann legt sie auf.
„Er ist süß", sagt Wolf in einem leicht gereizten Ton. Shandy antwortet nicht.
„Stellen wir jetzt noch was an? Die Strandfete? Oder 'n bisschen auf deinem heißen Ofen durch die Gegend?"
Shandy schüttelt den Kopf. Was ist auf einmal zwischen ihnen? Steve. Und Dan. Und Benny.
Sie gehen zum Haus zurück. Es ist jetzt leer. Die anderen sind wohl zu den abendlichen Generalproben fürs Konzert aufgebrochen. Die Getränke haben sie alle mitgenommen.
Shandy greift nach einer Gitarre und schlägt die Saiten an. Wolf setzt sich hinter sie und beginnt sie zu streicheln. Ihr Haar, ihre Schultern, er fährt mit den Fingern ihren Rücken entlang und schiebt seine Hand unter den Bund ihrer Jeans-Shorts.
Shandy zieht sie dort weg und springt auf. „Okay, fahren wir noch etwas die Hills rauf."

Shandy nimmt das Gas weg und hält oben auf dem Hügel. Sie steigen von der Maschine. „Das da ist die größte Traumfabrik der Welt", sagt sie und zeigt auf die Stadt unter ihnen.
„Plastikträume. Alles Zelluloid. Und die Frauen in Technicolor. Ach Shandy ..." Er legt von hinten die Arme um sie.
„Nicht, Birdy."
„*The dream, impossible dream ...*"
„Tom Jones. Mega-out." Shandy nimmt den Helm ab und schüttelt ihre Mähne.
„Vielleicht fällt uns hier oben ja ein gutes Drehbuch für eine

Lovestory ein.“ In seiner Stimme hört er diesen Bettelton.
„Oder für einen Psychothriller.“
„Einen Love-Psycho.“
„So was gibt’s schon massenhaft.“
Die untergehende Sonne überschwemmt den Himmel mit Purpur und Violett. Wolf setzt sich ins Gras, reicht Shandy die Hand und zieht sie neben sich. Sie nimmt seine Hand, die Handfläche nach oben und zeichnet eine der Linien darauf nach. „Du wirst über hundert Jahre alt, Birdy, ist das nicht traumhaft?“
„Ja prima, wir werden beide uralt und leben in einer Höhle und sind steinreich, weil es zufällig eine Goldmine ist. Und wir zeugen jede Menge Nachkommen. Intelligente Primaten. Und der große Manitu spricht uns am Ende unsterblich.“
Sie lacht. „Möchtest du ewig leben?“
„Nein. Ich möchte auf der Stelle sterben. Mit dir. Aber vorher ... vorher ... ach, Shandy ...“
„Da ist Steve.“
„Was nehm ich ihm denn weg? Du gehst doch zu ihm zurück.“
„Aber ich nehm ihm was weg. Er vertraut mir.“
„Dann erschieß mich. Plopp! Mitten ins Herz. Ende des Drehbuchs.“
„Ach, Birdy ...“ Sie lacht leise.
Sie liegen nebeneinander im Gras, unter ihnen die Traumfabrik mit den Stars und Sternchen, in der die Lichter jetzt angehen. Über ihnen zieht ein blauer Sternenhimmel auf. Er beugt sich über sie, seine Finger spielen in ihrem Haar, streicheln, tasten sich zu ihren Brüsten hin. „Shandy“, flüstert er an ihr Ohr und fühlt, wie ihre Abwehr unter seinen Händen nachgibt, wegschmilzt und ihre Körper zueinander drängen. Dann lieben sie sich.

„Julia ...“ Wolf fasst in Julias Haare und zieht ihren Kopf leicht nach hinten.

„Bitte, Wolf, lass das.“ Julia umgreift seine Handgelenke und will sie wegdrücken. Doch er lässt ihr Haar nicht los.

„Hör zu, das finde ich jetzt nicht mehr witzig. Lass mich bitte.“ Ihre Stimme klingt ungeduldig und verärgert.

Wolf löst die Hände aus ihrem Haar und sie will aufspringen. Doch er drückt sie an den Schultern auf den Diwan.

„Shandy“, flüstert er an ihrem Ohr. Sein Körper liegt jetzt auf ihrem, sein Kopf neben ihrem, sie spürt seinen Atem an ihrem Hals. Sie rührt sich nicht unter ihm. So bleiben sie einen Augenblick liegen, Brust an Brust, sein Atem geht heftig, ihrer flach und kaum spürbar. Dann wird er allmählich ruhiger. „Ssss ssss hmhm hmhm.“ Er fängt auf einmal zu summen an, ein lang gezogener, zittriger Wellenton.

„Wolf“, sagt Julia da leise. „Ich bin Julia. Ich bin nicht Shandy.“ Sie legt ihre Hand auf seine Wange, lässt sie dort. Sie spürt seine Tränen. Noch ein tiefes Atemholen, dann schüttelt ihn das Weinen. Sie legt ihre Arme um ihn und hält ihn. „Wolf.“

Nachher fühlt er sich still und leicht. Sie ist neben ihm eingeschlafen und er horcht auf ihre Atemzüge. „Julia“, sagt er mit einer neuen, noch fremden Stimme, zärtlich und im Augenblick ganz losgelöst von Angst.

Als es hell wird, steht er leise auf, zieht Schuhe und Jacke an, dann beugt er sich über sie, ihr Gesicht ist im Schlaf ernst und entrückt. Seine Finger schweben über ihre Stirn, doch er berührt sie nicht. Er richtet sich auf und geht.

Er lässt den Motor an, fährt ein paar Meter, dannt stoppt er, steigt aus und läuft ziellos durch die Straßen.

Der Mai der Mai der lu-hus-ti-ge Mai der kommt herange-ra-hau-schet ich ging in den Busch und bra...

Hör auf!

Ja gut. Hör auf.
Fahr nach Hause und schlaf dich aus.
... und brach mir einen Mai der Mai u-hund de-her wa-har grüüüne.
Wo bin ich hier überhaupt? Am Schachtgraben. Scha...?
Ich muss mit Schacht sprechen. Sofort!
Jetzt? Es ist halb sieben. Und Sonntag. Nachher. Um zehn vielleicht.
Ich hab's, Herr Schacht.
Was?
HIV-positiv.
Der Reihe nach, Wolf.
Der Reihe nach. Ordnung muss sein. Geometrische Reihen, arithmetische Reihen ...
Er überquert den Rheinsbergring und geht zu den Telefonzellen. Die ersten drei funktionieren nur mit Telecard. Die hat er vorgestern im Apparat an der Bachstraße stecken lassen. In der vierten Zelle ist ein Münzfernsprecher. Er schlägt im Telefonbuch nach. Da: Richard Schacht. Er wählt.
Nach dem sechsten Läuten hebt jemand ab. „Schacht?“
Ja, es ist seine Stimme. Wolf versucht ruhig zu atmen, obwohl er starkes Herzklopfen hat. Er spürt, dass Schacht wartet, gleich wird es knacken und er hat aufgelegt.
„Schacht.“ Das klang schon etwas ungeduldig.
„Steinbach“, sagt er heiser. „Wolf Steinbach.“
„Wolf? Es ist nicht mal sieben und wir haben Sonntag.“ Nein, ein Vorwurf ist das nicht, Schacht hat es bestimmt mit diesem nachsichtigen Schacht-Lächeln gesagt, im rechten Mundwinkel nur, und den ein bisschen nach unten gezogen. Sein Schachmatt-Lächeln.
„Ich ... muss mit Ihnen sprechen.“
„Jetzt?“
„Ja. Sehr dringend.“
„Wo sind Sie?“

„Am Rheinsbergring. Bei den Telefonzellen."
„Ich bin in einer Viertelstunde da. Warten Sie dort."

Das Konzert war vorüber, die Tribüne leer.

Love is all there is.
It makes the world go round.

Der richtige Abgesang. Alle hatten mitgesungen. Noch mal in die Hügel über der Traumfabrik? Shandy, lass uns noch mal über die Hügel fliegen, hatte Wolf gebettelt.

Nein, Birdy. Fliegen mit dir war schön. Aber wir müssen auf dem Boden bleiben. Ich liebe Steve. Sie war auf ihre Maschine gestiegen, hatte den Sturzhelm aufgesetzt, den Verschluss einrasten lassen und den Gashebel aufgedreht.

Hier, meine Adresse und meine Telefonnummer, hatte er gesagt und ihr den Zettel in die Brusttasche ihrer Jacke geschoben.

Keine Briefe, keine Anrufe, Birdy. Okay? Aber sie hatte den Zettel drin stecken lassen. Noch ein Lächeln, bye! Dann ihre Haare im Fahrtwind – unsere Standarte, unsere heilige Johanna!

Nachher war er zum Strand runtergegangen. Nein, hier unten konnte er nicht laufen. E- und Alk-Leichen. Das Fest war aus, der Morgen grau.

Er war zum Haus zurückgegangen. Auf der Veranda hatte er noch einen Schlafplatz gefunden. Hier liegst du Loge, hatte der Typ neben ihm gesagt. Gleich kriegst du 'n grandioses Spektakel geliefert.

Wenn er den Sonnenaufgang damit meinte: Der konnte ihm heute gestohlen bleiben.

Er hatte bis Mittag geschlafen. Allmählich wurde es leer im Haus. Sie zerstoben auf den Highways wieder in alle Winde. Freies Amerika! Wolf hatte sich in eins der Zimmer verzogen, das Licht ausgesperrt und auch den restlichen Tag verschlafen.

Abends war er am Strand gelaufen. Einatmen, ausatmen, Puls und Herzrhythmus kontrollieren. Alles okay. Rechts das Meer, die Sonne schon flach über den Wellen, Möwenkreischen, die frische Brise auf der Haut. Einatmen, ausatmen. Shandy. Die Wellen sind pietätlos. Sie rollen spritzig und aufgeräumt an den Strand und kümmern sich nicht um seine inneren Angelegenheiten. Er hatte grinsen müssen. Nein, er war ein mieser Poet. Eben doch nur ein Langstreckenläufer, einatmen, ausatmen, er war nicht Dan, der mit der Melancholie zu flirten verstand.

Wir werden sie niemals vergessen, Wolfy.

Aber die Zeit! Wie die Wellen.

Shandy, das würde Erinnerung sein. Ein schöner Film. *Gone with the wind.* Er wusste es noch nicht, damals, und wusste es doch.

Nachher würden andere Sommer kommen.

Später hatte er Dan angerufen. Ja, sie ist heute losgefahren. Grüße an alle. Und er hatte Dan überredet zurückzukommen: Allen Ginsberg! Barfuß über die Golden Gate Bridge. Lass es uns für Allen tun. Das war deine Idee, Dan!

Schaun wir, was sich machen lässt, du verdammter ... ach, forget it. Warte auf mich.

Dan war am nächsten Tag gekommen. Mit Benny. In einer Zoohandlung hatten sie ein Rabbit gekauft. Benny hatte lange geschwankt. Das rotäugige Albino oder das unscheinbare graue Kaninchen? Er hatte nach dem weißen gegriffen und es gestreichelt, dann hatte er es in den Käfig zurückgesetzt und das graue genommen.

In Ordnung, hatte Dan gesagt, gute Tarnfarbe. Das passt ausgezeichnet in unser Wüstenloch, Kleiner. Es guckt noch ’n bisschen dämlich aus der Wäsche. Vielleicht nennen wir es Löwenherz? Damit es stark und mutig wird. Und die Kojoten vertreibt.

Sie waren losgefahren, Benny hinten lang ausgestreckt, den Käfig mit dem Rabbit auf seinem Bauch. Später hatte er die

Klappe geöffnet und es gestreichelt. Ich zähme es, hatte er gesagt, und dann hatte er lange geweint.

Sie hatten die Küstenstraße genommen, Santa Barbara, Monterey, Santa Cruz. Frischer Seewind, weite Strände. Und sie hatten *Let's go to San Francisco* gesungen. Let's go to Montana, hatte Dan gesagt und bye, Bella, Bella, bye. Dann hatten sie wieder gesungen. *I let my mind wander.*

Der Nebel hing wie Watte über der Bay von San Francisco. Gegen Mittag hatte die Sonne es geschafft und die Stadt enthüllt. Da haben wir ja unsere Lady in Orange! 20 000 Tonnen Stahl mit Antirost-Anstrich auf 3125 Metern. Also in die Startlöcher, lass uns die Dame besiegen. Sie waren bei Sonnenuntergang drübergelaufen. Hin und zurück. Der Wind war böig gewesen und hatte von allen Seiten an ihnen gerissen, daneben sechsspuriger Verkehr.

Nur fliegen ist schöner, hatte Dan nachher gespottet und seine Blase am Fuß untersucht.

Als sie ins Motel zurückkamen, hatte Benny fest geschlafen, das graue Rabbit in seiner Armbeuge.

Zwei Monate später hatte Dan Wolf zum Flughafen gebracht. Benny und das Rabbit waren mitgekommen. Benny hielt es auf dem Arm und es duckte sich und klappte die Ohren zurück beim Start- und Landelärm.

Du kannst es ruhig streicheln, hatte Benny beim Abschied zu Wolf gesagt. Es ist jetzt gezähmt.

Ja, Kleiner, du hast es hingekriegt. Es hat jetzt ein richtiges Löwenherz. Und er hatte Benny samt Kaninchen an sich gedrückt.

„Hallo, Wolf! Steigen Sie ein." Schacht hält neben ihm und öffnet die Wagentür.

Die Stadt liegt hinter ihnen. Schacht nimmt die Landstraße nach P.

Wolf kurbelt das Fenster runter, der Fahrtwind weht rein.
„Zieht's?“ Er sieht zu Schacht rüber.
Schacht schüttelt den Kopf. Nein. Er hält das Steuer nur leicht mit den Händen, sitzt entspannt, den Kopf gegen die Nackenstütze gelehnt, ein guter Fahrer, der alles im Griff hat. Aber sein Blick ist irgendwie abwesend, auf einen fernen Punkt und auch nach innen gerichtet. Hin und wieder Gegenverkehr, dem er wie in Trance etwas ausweicht.
Am Schlossgarten hält Schacht an. Sie steigen aus und laufen die Allee entlang, die zu dem kleinen Renaissanceschlösschen führt. Der Park ist im englischen Stil angelegt, zurückgestutzte Natur.
„Hier bin ich gern“, sagt Schacht. „So zwischen Kultur und Natur kann ich meine Gedanken ordnen. Wollen wir uns setzen?“
Sie setzen sich auf die Bank unter der Linde. „Nur der Brunnen fehlt noch“, sagt Wolf.
Schacht guckt einen Moment verdutzt. Dann lacht er auf. „Ach so. Am Brunnen vor dem Tore, da steht ein Lindenbaum.“
„Ich träumt in seinem Schatten so manchen süßen Traum“, fährt Wolf mit leiser Stimme fort.
„Ausgeträumt.“
Er hat es Schacht gesagt. Gleich nachdem sie losgefahren sind. Vielleicht bin ich HIV-positiv. Ein Mädchen. Shandy. In den USA. Ich kann mit meinen Eltern nicht darüber reden.
Bis jetzt hat Schacht noch mit keinem Wort geantwortet. Als wär es nicht bei ihm angekommen. Als hätte er ihm nicht zugehört. Was erwartet er von Schacht? Auch Placebos? Ein Mal, was kann da schon groß passiert sein! Und wenn ja: Es wird schon, nur Kopf hoch. Das Leben geht weiter. Irgendwie packst du das schon.
Da beginnt Schacht zu reden. „Steinbach, du bist so etwas wie ein Vorzugsschüler von mir, das weißt du.“ Er hat vom

Sie wieder zum Du gewechselt, dafür sagt er jetzt Steinbach, nicht Wolf. Er sieht in die Linde hoch, als wollte er da jedes Blatt einzeln unter die Lupe nehmen, dann visiert er wieder einen Fernpunkt an.

„Ich werde dich morgen zum Test begleiten. Und wenn du das Ergebnis abholst, bin ich dabei. Es kann schlimm für dich kommen, Steinbach, da muss man sich nichts vormachen. Wenn's schlimm kommt, dann auch für mich. Ich häng an euch. Schön, nicht an allen. Aber ich häng zum Beispiel an dir. Du gibst mir das Gefühl, dass es sich lohnt, der ganze Stress und die Plackerei mit euch. Ich werd dich nicht so kampflos hergeben, Steinbach. Du bedeutest mir was."

Wolf sitzt da, die Hände zwischen den Knien, den Kopf nach hinten gelehnt, die Augen geschlossen. Unter seinen Lidern brennt's, gleich wird er losflennen.

Aber dann spricht Schacht weiter: „Es geht dir jetzt beschissen. Du guckst in einen Abgrund. Damals hab ich auch mal so in der Wand gehangen, Blick in den Abgrund. Abgerutscht und zwanzig Stunden an einem Felsen geklebt. Keiner hätte mich vermisst. Und dann hat die Bergwacht an dem Tag ihre Routineprüfung an der Steilwand gemacht, hat sie sich auf Sicherheit hin vorgenommen. Zufall? Oder Schicksal? Egal, für mich war's so was wie die Stunde null. Ich hab noch mal angefangen. Klar, das Risiko gehört zum Leben. Macht es ja auch spannend. Aber manchen Schritt hab ich später genauer überlegt. Nicht gleich alles auf Leben und Tod. Und jetzt bin ich bei euch gelandet. Kein Risiko? Nee, so einfach ist das nicht. Ich hafte schließlich irgendwie für euch. Ich kann euch ja nicht alle über einen Kamm scheren. Der eine braucht das und ein anderer was anderes, damit alles halbwegs glatt geht. *Ihr* seid mein Risiko. Welchen Drive muss ich euch verpassen, dass ihr 'n bisschen in Fahrt kommt? Die Kurven ins Leben müsst ihr schon allein kriegen." Schacht sinniert einen Augenblick vor sich hin. Dann legt er die Hand auf Wolfs Schulter. „Ich bin für dich da, Steinbach. Zu jeder Zeit. Morgen erst mal zum Test. Ich melde dich an. Bei einem Freund von mir im Johannis-Krankenhaus."

Wolf nickt. Sagen kann er nichts. Und Schacht erwartet wohl auch keine Antwort. Kein Danke.

„Sollen wir irgendwo frühstücken?", fragt er nach einer Weile und seine Stimme klingt gelassen wie immer.

„Schwarzer Kaffee und 'n knackiges Brötchen, das wär im Moment Spitze", sagt Wolf. Und seine Stimme ist ganz okay.

„Dann mal los."

Wolf bricht einen Fliederzweig ab, als sie zum Auto zurückgehen. „Wird nachher noch gebraucht", sagt er und wirft einen schnellen Blick auf Schacht.

Schacht nickt. In Ordnung. Er fragt nicht, wozu. Er hat wieder den Fernblick.

„Ich lauf noch ein bisschen", sagt Wolf und Schacht lässt ihn am Rheinsbergring raus. „Morgen um neun. Wenn du nicht klarkommst, ruf an. Jederzeit. Okay?" Dann fährt er los.

Wolf läuft am Golf vorbei zu dem Patrizierhaus. Halb zehn. Er nimmt die Treppen rauf. Hinter den Türen hört er Geräusche. Vor Julias Tür bleibt er stehen und horcht. Alles still. Er legt den Fliederzweig davor, dann geht er.

Mäßiger Sonntagsverkehr, als er durch die Stadt nach Hause fährt. Friedmann sitzt auf einem Schemel draußen in der Sonne. Mambo liegt auf dem Rücken daneben und lässt sich von ihm den fetten Wanst kraulen.

„Biste schon ins Jrüne jewesen, Wölfken? Oda biste noch von jestern?" Er kichert.

„Bin noch von gestern, Herr Friedmann. Schönen Sonntag."

„Hast ja auch ne jute Kondikzion, wo de doch imma läufs."
„Ja, Herr Friedmann, meine Kondition kann sich sehen lassen."
„Na, denn jeh jetz ma 'n bissken inne Heia."
Ja, Friedmann. Inne Heia. Da muss ich jetzt dringend rein.

Der Anrufbeantworter blinkt. Zwei Nachrichten. 22.20 Uhr gestern, 9.20 Uhr heute Morgen. Vor einer halben Stunde. Julia? Nein. Felix? So früh? Warum bist du nicht gekommen? Die Fete bei Laura war ... na ja, wie immer.
Er stellt die Lautstärke auf Endstufe, drückt die Playtaste und will ins Bad gehen.
22.20: „Wolfy, du ... ach, leck mich, du bist 'n ..."
Dan!
Wolf rutscht neben dem Apparat in die Hocke, igelt sich zusammen, den Kopf auf den Knien.
„*Sie* hat mich angerufen. Shandy. Ich muss sofort zu ihr hin. Steve ... es hat ihn aus der Kurve gehoben. Er ist ... Und sie – es geht ihr so beschissen. Ich kann sie doch nicht hängen lassen! Gleich geht meine Maschine nach Seattle. Ich ruf dich wieder an. Du nicht, soll ich dir sagen. Birdy wahrscheinlich nicht. Steve und dieser ..." Piepton.
9.20: „Philip hier. Hat es gestern noch mit deinem Rendezvous geklappt? Wenn du nichts Besonderes vorhast, komm doch zum Brunchen vorbei. Sonst schönen Sonntag."
Wolf kauert neben dem Telefon. Sein Körper zittert. Sein Brustkorb zieht den Atem heftig ein. Stoßweise holt er Luft und presst sie wieder raus.
Dann fängt er an zu weinen.
Danach ist er müde, so müde, dass er sich nie mehr von hier wegbewegen wird. Sein Kopf schwebt in einem Vakuum.
Nachher geht er ins Wohnzimmer, schüttet einen Kognak runter, noch einen. Dann fällt er in seinem Zimmer aufs Bett und schläft sofort ein.

Als er aufwacht, ist es dunkel. Das Telefon läutet. Mitten in der Nacht? Was ist los? Warum liegt er angezogen im Bett? Dann erinnert er sich. Er springt auf, läuft zum Apparat, nimmt den Hörer ab. Es ist Dan.
„Wolfy, ich war zu spät! Zu spät! Sie hat's getan. Wie Steve. Genau da."
„Was, Dan? Was hat sie getan? Dan, wo bist du jetzt?"
„Ich war zu spät!"
„Wo bist du jetzt, Dan?"
„Bei Rob. Rob ist da." Dan weint.
„Rob? Der Typ, der Steve ..."
„Hinter Seattle. In derselben Kurve ..." Dan kann nicht weiterreden.
„Soll ich ..." Soll ich kommen, will Wolf noch fragen, doch in der Leitung knackt es. Dan hat aufgelegt.

Vom Flughafen aus ruft Wolf Julia noch mal an.
„Julia, ich komm zurück. Auf jeden Fall!"
„Ach Wolf! Du bist ja noch nicht mal weg. Flieg erst mal zu diesem Dan. Er scheint ein prima Typ zu sein."
„Ja, ist er. Julia?"
„Hm?"
„Ich schreib dir eine Karte. Vielleicht aus der Wüste. Jeden Tag eine."
„Prima, Wolf. Ich leg mir schon mal eine Sammelmappe zu. Aber wenn du alternativ mal anrufst?"
„Mach ich glatt."
„Ciao, Wolf. Und grüß Dan."
„So long, Julia."

Dann wählt er noch mal. Nach dem vierten Klingeln wird abgehoben. „Schacht?"
„Steinbach. Ich flieg gleich los. Danke. Danke für alles."

Wolf zögert, wartet, dass Schacht was sagt. Nein. Schacht sagt nichts. Er wartet auch.

„Tut mir Leid ... das Abi ... Mathe übermorgen, das wär 'n ziemlicher Klacks für mich gewesen. Aber ...“

„Ja, Steinbach. Du hättest in Kürze ein sehr ordentliches Abitur in der Tasche gehabt. Und danach jede Menge Zeit.“

„Ich weiß. Aber ich brauch die Zeit *jetzt.* Danach hab ich ja noch 'n ganzes Leben für alles, was so anfällt. Auch für 'n astreines Abi. Es ist einfach zu viel dazwischengekommen.“

„Ja. Das Leben ist dazwischengekommen, Steinbach. Du bist reif für deine eigenen Entscheidungen. Trotzdem: Pass auf dich auf. Mach's gut.“

Dann knackt's am anderen Ende. Schacht hat aufgelegt.

Der Flieger startet pünktlich. Wolf blättert in dem Sportjournal, dann nickt er für eine Weile ein. Später versucht er in einem Krimi zu lesen. Doch er folgt dem Text nur mit den Augen, ohne eine Zeile zu verstehen. Er klappt das Buch zu, lehnt sich zurück und lässt die Gedanken zu, die jetzt auf ihn einstürmen.

Hinter Seattle. In derselben Kurve ... Als Dan aufgelegt hatte, hatte Wolf Schacht angerufen. Mitten in der Nacht.

Das Mädchen, Shandy ... sie ist tot. Ich ... ich hab's wahrscheinlich nicht. Und er hatte Rotz und Wasser geheult. Was hatte er in dem Moment wirklich gefühlt? Nur Erleichterung. Ich werd leben! Shandy ist tot, das war in dem Moment nur ein Satz, dessen Bedeutung er nicht begriff. Die Bilder dazu wehrte er ab.

Geh trotzdem morgen zum Test, hatte Schacht gesagt. Ich komme mit.

Am anderen Tag hatte Dan noch mal angerufen. Er hatte sich so weit beruhigt, dass er berichten konnte. Steve hatte sich bei diesem Rob infiziert. Die bestandenen Prüfungen, sie hatten gefeiert und waren betrunken gewesen. Dabei war es passiert. Einfach so. Als Rob sich krank fühlte, ist er zum Test gegangen. HIV positiv. Er hatte sich von Boston aus sofort bei Steve gemeldet. Steve hatte sich testen lassen, ohne Shandy was zu sagen. Auch positiv. Von unterwegs hat er Shandy nochmals angerufen. Aber er hat es ihr nicht sagen können. Dann hat er es getan. Ist hinter Seattle mit seiner Maschine aus der Kurve raus. Acht Tage hat er noch im Krankenhaus gelegen. Komplett gelähmt und im Koma. Shandy war die ganze Zeit bei ihm. Sie hatten eine komplizierte Operation vorgesehen und ihn vorher auch auf HIV getestet. Der Arzt hatte Shandy dann aufgefordert sich ebenfalls testen zu lassen. Da muss sie den Brief an ihn geschrieben haben. Zwei Tage vor Steves Tod war Rob noch aus Boston gekommen. Von ihm hatte Shandy alles erfahren.

Hatte sie es da schon beschlossen? Und dieser Rob? Hätte er sie nicht davon abhalten können? Sie war sofort tot. Sie haben die beiden in Seattle beerdigt. Dan war dabei. Und auch dieser Rob.

Shandy gibt es nicht mehr. Was fühlt er jetzt bei diesem Gedanken? Nein, es ist nicht nur ein Gedanke. Eine Tatsache. Aber die ist immer noch nicht bei ihm angekommen. Die Bilder vom letzten Sommer. Ja, er war in sie verliebt gewesen. Liebe? Er weiß es nicht. Und jetzt: ein Grab, irgendwo in Seattle. Das bringt er noch nicht zusammen. Er wird Zeit brauchen.

Und Julia? Sie ist eine tolle Frau. Flieg rüber zu diesem Dan, hat sie sofort gesagt.

Lydia und Philip hatten davon erst nichts wissen wollen. Du hast viel Glück gehabt. Du bist okay. Und jetzt willst du das Abi einfach sausen lassen? Du hast doch schon den Studienplatz! Wer weiß, ob du später ....

Das Abitur? Mit links! Und dann: Go for gold! Er hatte sich viel vorgenommen. Und er war gesund! Du bist okay! Du hast Glück gehabt! Schacht damals: Ich werde eine Ausnahmeregelung für dich durchboxen. Damit du nicht ein ganzes Jahr verlierst. Und jetzt? Saß er hier in der Maschine. Auf dem Weg zu Dan. Ließ alles sausen.

Nein. Er konnte nicht so einfach zur Tagesordnung zurückkehren. Jetzt war erst was anderes dran. Ganz außer der Reihe. Er musste sie endlich zulassen, die Bilder, die Gefühle. Er brauchte Dan. Dan, der weinen konnte. Der verzweifelt war. Ja, er hatte Angst vor dem, was kam. Aber er war auf dem richtigen Weg.

Schade, hatte auch Schacht gesagt. Doch er hatte nicht versucht ihn zu den Klausuren zu überreden. Dann flieg, das ist vielleicht eine wichtigere Prüfung, die da auf dich zukommt.

Wenn er landet, wird alles ganz anders sein. Er ist unruhig. Wie wird er Dan vorfinden? So unbeschwert wie im letzten Sommer werden sie nie mehr sein. Aber die Vertrautheit, wird sie noch da sein? Oder ist da jetzt etwas Fremdes zwischen ihnen?

Elf Stunden Flug, fünf Minuten Kreisen über L. A., bis der Flieger Landeerlaubnis bekommt. Unten der Tower, der Jumbo setzt glatt auf dem Runway auf und rollt aus, Applaus für die Piloten. Die Schalter der amerikanischen Einwanderungsbehörde: Drogen? Krankheiten? Knast? Immer das gleiche Zeremoniell.

„Hi, Wolfy, diesmal nicht wie 'n fliegender Händler hinter deinen Sachen her?" Dan steht vor ihm, groß, sportlich, blond, blauäugig, braun gebrannt.

Sie fahren in die Angeles Hills rauf. Dan berichtet. Benny und das Rabbit haben Gesellschaft bekommen. Pamela. Benny ist glücklich: Die niedliche Pam aus seiner Klasse ist jetzt auch in *ihn* verliebt. Judy lebt im Moment wieder in zwei Romanen. Reynold ist seit drei Wochen da. Tom und Stella? Denen geht's prima. Ihr Baby Roy ist 'n Prachtkerlchen, Tom hat das mit der Geburt sauber hingekriegt und

Stella hat auch gut mitgeholfen. Alaska war auf die Dauer zu kalt für die drei. Sie sind gerade in der Karibik und haben es da mit Piranhas zu tun.
Jetzt schweigt Dan. Wolf fragt nichts. Wann wird er *darüber* sprechen? Er weiß nicht, ob er den Anfang machen soll. Sie fahren durch die Mondlandschaft und er wird müde. Der Jetlag.
„Wolfy ...“
Jetzt. Wolfs Herz stockt einen Moment.
„Halt durch, ich komm sofort, hab ich zu ihr gesagt. Dann musst du ganz schnell kommen, Dan. Ich hab die nächste Maschine genommen. Aber ich war diese verdammten zwei Stunden zu spät.“ Er bremst, hält an und schlägt die Hände vors Gesicht. Schluchzen schüttelt ihn. Dann beruhigt er sich wieder. „Hier. Für dich. Von Rob.“
Wolf starrt auf den Umschlag. Für Wolf, mehr steht nicht drauf. „Rob? Er hat sie beide auf dem Gewissen!“
„Er hat es selbst nicht gewusst. Einen Monat hatte er mit Steve geackert und ihn durch die Nachprüfung gebracht. Sie waren an dem Abend stockbesoffen. Es ist dann passiert. Einfach irgendwie passiert.“
„Ist Rob schwul?“
„Hm.“
Wolf schluckt. „Warum hat Steve es ihr nicht gleich gesagt, als sie zurückkam? Nur einmal. Im Suff. Hätte er’s ihr gesagt und wär damals zum Test gegangen, würde sie jetzt wahrscheinlich noch leben.
„Ja, verdammt. Vielleicht. Vielleicht auch nicht. Sie hat das Testergebnis nicht einmal mehr abgewartet. Kurzschluss? Oder wollte sie ohne Steve nicht leben? Das ist jetzt nicht mehr wichtig.“ Dan starrt vor sich hin. Seine Stimme klingt heftig, fast wütend, als er weiterspricht: „Und hör auf mit Schuldzuweisungen! Hat’s dich damals denn groß gekümmert? Theoretisch hättest du es ihr auch verpassen können. Oder von ihr kriegen. Bist du denn gleich zum Test

gerannt? Du warst dir sicher: Ich hab's nicht. Sie hat's nicht. Schuld ist dieses verdammte Virus! Das dich genau da zum kühlen Kopf zwingt, wo du ihn eigentlich verlierst. Und Treue, Vertrauen, Liebe? Nicht, dass es so was nicht gibt! Ja, verdammt, das gibt's! Aber es gibt eben auch noch die andern Sachen. In die du einfach mal so reinrutschst. Die dich kalt erwischen. Wie Steve. Und dich ... und sie. Und wenn's anders gelaufen wär ..."

Dan lehnt sich im Sitz zurück. Sein Gesicht ist verschlossen. „Ich hab sie geliebt, Wolfy", sagt er dann leise. „Nur drei Wochen. Aber ich hab sie wirklich geliebt. Ich hab sie einfach nicht vergessen können."

„He, Dan ..." Wolf zögert. Was Tröstendes gibt's da jetzt nicht zu sagen. „He, Dan, in sechzig Jahren sitzen wir wieder in so 'nem alten Rappelkasten und fahren aufs schwarze Wüstenloch zu. Sechzig Jahre Leben, wir werden uns dann 'ne Menge zu erzählen haben."

„Klar, mit achtzig hebeln wir die Welt noch aus den Angeln. Und zeigen es den Youngsters. Aber dann 'ne schöne Harley Davidson unterm Hintern, Wolfy."

Er ist wieder der Alte. Nein. Nur seine Stimmme klingt im Moment wie früher. Dan wird nie mehr der Alte sein. Und Wolf auch nicht.

Dan lässt den Motor an und gibt Gas. „Yeah, Wolfy! *How many roads must a man walk down ...* "

„... before you can call him a man?"

„Wolfy, wir sollten wirklich einfach losfahren. Zu dritt. Okay? Auf diesen elenden Highways kriegst du manches geregelt. Du bist irgendwie näher am Himmel."

„Klar, aber zu dritt? Doch nicht wieder Benny und das Rabbit?"

„Der hat jetzt seine Pam."

Wolf wagt nicht zu fragen. Ja, sie werden zu dritt sein. Shandy.

„Rob könnte mitkommen", sagt Dan. „Rob ist okay, du

wirst sehen. Er geht den anderen Weg. Versucht, mit seinen Schuldgefühlen zu leben. *Wir* haben kein Recht, über ihn zu urteilen, Wolfy. So was muss der liebe Gott schon selbst tun, wenn's ihn gibt und er glaubt, dass *er* ein Recht drauf hat."

Dan schweigt und wartet.

Was soll Wolf jetzt sagen? Okay, Dan, gute Idee? Damit hat er nicht gerechnet. Mit diesem Rob? Das kann er sich nicht vorstellen. Das wird nicht gehen. Shandy! Jedes Wort, jede Geste von Rob ... Er antwortet nicht.

Da spricht Dan weiter. „Rob hat's nicht leicht gehabt. Hat bis jetzt immer nur geackert. Wollte von dem Schlamassel zu Hause weg. Muss ziemlich trist da gewesen sein. Vater unbekannt. Mutter Alkohol. Er wollte studieren, Harvard. Da kommst du nicht so leicht hin. Da musst du dich schon mit besten Noten empfehlen. Er hat es bis dahin geschafft."

Dan müsste Rob doch hassen! Aber was weiß er wirklich über Dan? Was soll er ihm jetzt antworten? Das Leben ist dir dazwischengekommen, hat Schacht gesagt. Du bist reif für deine eigenen Entscheidungen.

Ja, Schacht. Und ich werd versuchen mich zu stellen.

Dan wirft einen Seitenblick auf Wolf. Der spürt's und nickt nur: Okay, Rob, Dan und er. Das wird schwierig werden. Alles Neuland. Eine Reise ins Ungewisse. Auch nach innen. Für die sie viel Mut brauchen werden. Alle drei.

Als Dan weiterspricht, ist dieser neue Ton wieder in seiner Stimme: „Die Reise ... es kann vielleicht Robs letztes Ding sein, Wolf. Danach kommt's irgendwann ziemlich schlimm für ihn. Wenn's so weit ist, hat er gesagt, dann in Seattle. Seattle ist ganz brauchbar für 'n längeren Aufenthalt."

Materialien

1 Anmerkungen zu Personen, Zitaten und Anspielungen

Die Autorin hat viele Zitate und mehr oder weniger offene Hinweise auf Lieder, Romane, Gedichte oder Filme in ihr Buch aufgenommen. Damit stellt sie Beziehungen zu anderen künstlerischen Produkten her. Man nennt dies Intertextualität (von lateinisch: *inter* = zwischen). Solche Erzähltechniken sind in modernen Romanen sehr verbreitet.

S. 18:
Silicon Valley: Wirtschaftsregion in Kalifornien südlich von San Francisco; benannt nach dem in der Elektronikindustrie verwendeten Element Silizium (engl. Silicon)
rigor mortis: Totenstarre
Biologismus: Denkmodell, das von der biologischen Vorherbestimmung des Menschen ausgeht und dem Einfluss von Umwelt, Gesellschaft usw. keine oder nur geringe Bedeutung einräumt

S. 20:
Allen Ginsberg (1926–1997): amerikanischer Dichter und Kultautor der „beat-writer", siehe auch S. 93, 98, 115

S. 30:
Fahrenheit: nach Daniel Gabriel Fahrenheit (1686–1736) benannte, in den USA gebräuchliche Temperatur-Einheit, 90 °F = 32 °C

S. 35:
James Dean (1931–1955): amerikanischer Schauspieler in Filmen wie „Denn sie wissen nicht, was sie tun" (1955) oder

„Giganten“ (1956); nach seinem Tod bei einem Verkehrsunfall zur Kultfigur stilisiert
Jimi Hendrix (1942–1970): legendärer schwarzer Gitarrist, starb durch Drogenmissbrauch ebenso wie die Sängerin *Janis Joplin* (1943–1970) und der Schauspieler *River Phoenix* (1970–1993)
Kurt Cobain (1957–1994): suchtkranker Sänger der Grunge-Band Nirvana, beging Selbstmord

S. 38:
Es ist ein Schnitter: katholisches Kirchenlied; die erste Strophe heißt: „Es ist ein Schnitter, der heißt Tod, / Hat G´walt vom großen Gott. Heut wetzt er das Messer, / Es schneidt schon viel besser, / Bald wird er drein schneiden, / Wir müssens schon leiden. / Hüte dich, schöns Blümelein.“
Pandora-Büchse: griechischer Mythos, Pandora wird von Zeus zur Strafe auf die Erde geschickt; sie hat eine Büchse, aus der sich Übel über die gesamte Erde verbreiteten

S. 42:
Wolfs Milch: Wolfsmilchgewächse sind giftig, äußerliche Anwendung kann zur Erblindung führen; ein Bild für „Blindheit“ durch Drogenkonsum; eines der Wortspiele mit dem Namen der Hauptfigur

S. 48:
Ain´t no people on the old dirt road: Zeile des Liedes „Old Dirt Road“ von John Lennon

S. 52:
Zölibat: Ehelosigkeit, katholischen Priestern abverlangt

S. 53:
Hallo, Julia, aus dem Geschlecht der Capulet: Anspielung auf William Shakespeares (1564–1616) Trauerspiel „Romeo und

Julia" (1593) um ein Liebespaar aus zwei verfeindeten Familien, das tödlich ausgeht, vgl. auch S. 61, 65

S. 60:
Frühling lässt sein blaues Band: Gedicht von Eduard Mörike (1804–1875): „Frühling lässt sein blaues Band / Wieder flattern durch die Lüfte / Süße, wohlbekannte Düfte / Streifen ahnungsvoll das Land / Veilchen träumen schon, / Wollen balde kommen / Horch, von fern ein leiser Harfenton! / Frühling, ja du bist´s!/ Dich hab ich vernommen!"
When the crowds are gone: Stück aus dem Album „Gutter Ballet" der Heavy-Metal-Gruppe Savatage

S. 61:
Oh, so vergönne, teure Liebste, nun, dass auch die Lippen wie die Hände tun: Romeo in Shakespeares „Romeo und Julia". Er fährt fort: „Voll Inbrunst beten sie zu dir: erhöre, / dass Glaube nicht sich in Verzweiflung kehre!" Darauf Julia: „Du weißt, ein Heil´ger pflegt sich nicht zu regen, / auch wenn er eine Bitte zugesteht", siehe Anmerkung zu S. 53

S. 63:
Blüh im Glanze dieses Glückes: Zeile aus der deutschen Nationalhymne; Hinweis auf den erträumten Gewinn einer Olympiamedaille

S. 65:
Ich schwöre, Fräulein, bei dem heil´gen Mond, / Der silbern dieser Bäume Wipfel säumt: wiederum Romeo in Shakespeares „Romeo und Julia". Julia antwortet darauf: „O schwöre nicht beim Mond, dem Wandelbaren, / Der immerfort in seiner Scheibe wechselt, / Damit nicht wandelbar dein Leben sei!", siehe Anmerkung zu S. 53

S. 71:

You cry a little bit, / you just die a little bit / and then you'll be all right: ein Lied von Gene Pitney mit dem Titel „It Hurts To Be In Love“ enthält die ersten beiden Verse, die letzte Zeile kommt darin jedoch nicht vor

S. 85:

When I lay my rest ... follow my star: aus „Impossible Dream“ („Man of La Mancha“), siehe Anmerkung zu S. 110
If that's the way it must be ok: Zeile aus „Pretty Woman“, siehe Anmerkung zu S. 87

S. 86:

Nurmi: Paavo Nurmi (1897–1973), finnischer Langstreckenläufer, neunfacher Olympiasieger
Epikur (341–271 v. u. Z.): griechischer Philosoph, Gegenspieler Platons, vertrat ein dem Diesseits und den Sinnen zugewandtes Denken; sah als Bedingung für glückliches Leben die Überwindung der Furcht vor dem Tod und vor der Strafe der Götter

S. 87:

What do I see, she's walking back to me: aus dem Lied „Pretty Woman“ von Van Halen: „Pretty woman don't walk away, yeah, ok / If that's the way it must be, ok / I guess I'll go home, it's late, maybe tomorrow night / But wait. What do I see / She's walking back to me / Wow!“
Schlaflos in Seattle (1993): rührselige Liebeskomödie mit Tom Hanks und Meg Ryan um einen Witwer mit kleinem Sohn, der für seinen Vater eine neue Frau sucht

S. 89:

Titanic (1997): Populärer Film mit Kate Winslet und Leonardo DiCaprio als unglückliches Liebespaar; die Rahmenhandlung ist eingebettet in die reale Geschichte vom Untergang des Ozeanriesen „Titanic“ im Jahr 1912

S. 93:

Standarte: eigentlich kleine viereckige Fahne, geführt von Fürsten und Staatsoberhäuptern – also ein an dieser Stelle eher unpassender Ausdruck von Dan; in der Jägersprache aber auch der Schwanz von Wolf (!) oder Fuchs

heilige Johanna: Jeanne D´Arc (1412–1431), auch die Jungfrau von Orléans genannt, zog für Karl VII. in den Hundertjährigen Krieg, befreite Orléans, später in Rouen als Hexe verbrannt

S. 96:

Vom Fliegen und anderen Träumen (1998): amerikanischer Liebesfilm mit Kenneth Branagh und Helena Bonham Carter über eine an den Rollstuhl gefesselte Frau, die auch einmal einen Liebhaber haben möchte

S. 97:

Endorphine: schmerzstillende und stimmungsaufhellende Stoffe; stellt der menschliche Körper beispielsweise bei enormen sportlichen Leistungen oder in emotionalen Ausnahmesituationen (z.B. bei Schocks) selbst her

Marrakesch (1998): Film mit Kate Winslet und Said Thaghmaoui über eine Britin mit zwei kleinen Töchtern, die versucht, in Marokko zu leben und zu lieben

Con Air (1997): Actionfilm mit Nicolas Cage, John Malkovich und John Cusack um eine brutale Flugzeugentführung

S. 102:

Wie es uns nicht gefällt: Wortspiel mit dem Titel „Wie es euch gefällt“ (As you like it, 1599/1600), Komödie von William Shakespeare, siehe Anmerkung zu S. 53

S. 103:

Komm lieber Mai und mache die Bäume wieder grün: Lied aus dem 18. Jahrhundert, von Christian Adolph Overbeck getextet und von Wolfgang Amadeus Mozart vertont

S. 104:
Hamlet, Prinz von Dänemark (1600): Trauerspiel von William Shakespeare, siehe auch S. 53, 61, 65
Prinz Friedrich von Homburg (1809): Tragödie von Heinrich von Kleist (1777–1811)
Eine Kugel für seine Freundin: Hinweis auf den gemeinsamen Tod von Kleist und Henriette Vogel durch die Pistole Kleists – einer der vielen depressiven Menschen, die Wolf an diesem Wochenende in den Sinn kommen, siehe auch S. 35

S. 105:
Diwan: eine Art Sofa

S. 107:
Erlkönigs Töchter: Zeile aus der Ballade „Der Erlkönig“ von Johann Wolfgang v. Goethe (1749–1832): „Mein Vater, mein Vater, und siehst du nicht dort / Erlkönigs Töchter am düstern Ort? / Mein Sohn, mein Sohn, ich seh es genau: / Es scheinen die alten Weiden so grau.“
Sirenen: in der griechischen Sage Mischgestalten aus Mensch und Vogel (meist mit Frauenkopf), sie gelten als Schadensdämonen, sie sind ausgestattet mit übermenschlichem Wissen und können das Wetter ändern. Mit ihrem lieblichen Gesang verwirren und betören sie vorbeifahrende Schiffer, sodass diese an den Klippen umkommen

S. 108:
Odysseus muss die Sirenen besiegen: Odysseus, beraten von Kirke, ließ seine Gefährten sich die Ohren mit Wachs verschließen, sich selbst am Mastbaum festbinden

S. 110:
The dream, impossible dream: Song aus dem Musical „Man of La Mancha“ (1965/66) von Dale Wasserman über Miguel de Cervantes y Saavedra (1547–1618), Verfasser des „Don Quijote“ (1605)

S. 112:
Der Mai, der Mai, der lustige Mai, der kommt herangerauschet: Volkslied aus dem Siebengebirge

S. 114:
Love is all there is / it makes the world go round: Zeilen aus dem Lied „I threw it all away“ von Bob Dylan

S. 115:
Gone with the wind (1937): Roman von Margaret Mitchell (1900–1949), spielt in den Südstaaten zur Zeit des Sezessionskrieges und schildert die unglückliche Geschichte der Beziehung von Scarlett O´Hara und Rhett Butler; berühmt vor allem durch die Verfilmung mit Clark Gable und Vivian Leigh (deutsch: „Vom Winde verweht“, 1939)
Löwenherz: Richard Löwenherz (1157–1199), König von England, bekannt aus dem Roman „Ivanhoe“ von Walter Scott oder durch die Robin-Hood-Erzählungen und -Verfilmungen

S. 116:
Let´s go to San Francisco (1967): Lied der „Flowerpot Men“ (John Carter und Ken Lewis): „Let´s go to San Francisco / Where the flowers grow / so very high“
I let my mind wander: Lied von Willie Nelson: „I let my mind wander / And what did it do / It just kept right on going / Until it got back to you ... My lonely heart wonders / If there´ll ever come a day / When I can be happy / But I can´t see no way.“

S. 117:
Am Brunnen vor dem Tore, da steht ein Lindenbaum: Lied von Wilhelm Müller (1794–1827), Melodie von Franz Schubert (1797–1828)

S. 126:
How many roads must a man walk down ... before you can call him a man?: aus „Blowin in the wind“ von Bob Dylan

2 Thema Aids: „Übers Händeschütteln kriegt man´s nicht“

2.1 Was ist das – Aids?

Aids – im Prinzip glaubt jeder zu wissen, was das ist. Aber es geht vielen so, dass sie nicht richtig nachfragen oder dass sie denken, das Thema hätte nichts mit ihnen zu tun. Nach dem Bekanntwerden der Krankheit und dem Schock, den dies Anfang der 1980er Jahre auslöste, hat man sich daran gewöhnt, dass es neben vielen anderen schwerwiegenden Krankheiten wie Lungenkrebs oder Leukämie auch irgendwie noch Aids gibt.

Aber Aids ist anders, denn Aids ist eine Infektionskrankheit – man kann also mit großer Sicherheit verhindern, dass man sich ansteckt. Daher auch der Name: **A**cquired **I**mmuno **D**eficiency **S**yndrom = erworbene Abwehrschwäche-Syndrom. Syndrom bedeutet dabei, dass es sich um ein Zusammenspiel mehrerer Krankheitserscheinungen handelt. Ein infizierter Mensch, bei dem die Krankheit ausgebrochen ist, ist wehrlos gegen Erreger, die einem gesunden Menschen nicht viel anhaben können. Die Folgen und die Schwere der Krankheiten und vor allem auch die Kombination mehrerer Erkrankungen führen dann zum Tod.

Der Erreger, der Menschen an Aids erkranken lässt, heißt HIV: **H**uman **I**mmuno Deficiency **V**irus = Menschliches Immunschwäche-Virus. Übertragen wird es durch den Austausch von Körperflüssigkeiten wie Blut, Sperma oder Scheidenflüssigkeit. Darüber sollte jeder wirklich gut informiert sein, um weder überängstlich noch leichtsinnig zu sein. An den Übertragungsmöglichkeiten kann man schon erkennen, dass die Ansteckung mit Aids zwar durch sexuelle Praktiken, aber auch anders erfolgen kann – über offene Wunden, durch verseuchte Blutkonserven, durch die Verwendung des gleichen Drogenbestecks oder auch in der Schwangerschaft oder bei der Geburt. Kinder mit HIV-positiven Müttern können sich sogar über die

Muttermilch mit Aids infizieren. Also ist Aids eigentlich keine Geschlechtskrankheit, auch wenn manche abfällig von der „Lustseuche“ sprechen.
Früher ging man davon aus, dass eigentlich nur die so genannten Risikogruppen wirklich bedroht sind: Homosexuelle, Männer und Frauen, die sich prostituieren, und Drogenkonsumenten, die ihre Spritzen mit anderen teilen. Nach den jüngsten Berichten muss man leider von einem neuen Ansteckungsschub sprechen – gerade unter Heterosexuellen, also jener Gruppe, die immer für am wenigsten gefährdet gehalten wurde. Einer der Gründe dafür wird ja auch in „Siebter Himmel – freier Fall“ thematisiert: Wolf hat in der Schule gelernt, wie man sich mit Aids anstecken kann. Aber im entscheidenden Moment geht es ihm wie vielen Jugendlichen: Sie sind gar nicht vorbereitet und haben kein Kondom zur Hand (was für Mädchen und Jungen gleichermaßen gilt). Oder sie haben vorgesorgt, aber dann geschieht so viel, dass sie nicht die schönen Gefühle unterbrechen oder den „Zauber“ verscheuchen möchten. So wie Wolf, der in jeder Sekunde fürchtet, dass Shandy sich auf ihre Liebe zu Steve besinnt. Anderen wiederum ist es auch einfach unangenehm, solche „technischen“ Fragen aufzuwerfen.
Egal warum: Auf diese Weise wird nichts verhütet – weder eine Schwangerschaft noch eine Ansteckung mit dem HI-Virus (und Geschlechtskrankheiten gibt es ja überdies auch noch). Sicherer Sex ist notwendig und möglich. Es geht es um die Gesundheit, um das ganze zukünftige Leben. Denn nur Schutz vor HIV schützt vor Aids.

Was tun?

Die New York Times meldete am 5.7. 2002, dass sich bis zum Jahre 2010 etwa 29 Millionen Infektionen mit dem HIV vermeiden ließen. Als Bedingung dafür wurden genannt: mehr Aufklärung, Verteilung kostenloser Kondome und mehr Rechte für Frauen.

2.2 Wer ist besonders gefährdet? Statistiken

Gemeldete AIDS-Fälle in der Bundesrepublik Deutschland nach Altersgruppe und Geschlecht seit Beginn der Epidemie

Stand: 31.12.2000

Altersgruppe	**männlich**	**weiblich**	**gesamt**
fehl. Angaben	5	5	10
0–11 Monate	9	14	23
1–4 Jahre	25	28	53
5–9 Jahre	21	9	30
10–12 Jahre	8	5	13
13–14 Jahre	18		18
15–19 Jahre	72	14	86
20–24 Jahre	412	135	547
25–29 Jahre	1 940	511	2 451
30–39 Jahre	6 855	1 055	7 910
40–49 Jahre	4 604	297	7 901
50–59 Jahre	2 354	146	2 500
60–69 Jahre	493	70	563
> 69 Jahre	72	22	94
gesamt	16 888	2 311	19 199

Aufgabe: Bestimmt durch Vergleich der angegebenen Zahlen, welche Menschen sich offenbar besonders häufig infizieren. Welche Ursachen kann dies haben?

2.3 Was passiert nach einer Infektion mit HIV?

Wenige Wochen nach einer HIV-Ansteckung kann es zu ersten Anzeichen der Infektion kommen wie kurzzeitigem Fieber, Lymphknotenschwellung oder Hautausschlag. Manchmal treten auch keine Symptome auf. Nach drei bis zwölf Wochen sind Antikörper im Blut nachweisbar.
Dieses vorübergehende Krankheitsbild („akute HIV-Erkrankung") ist jedoch nicht mit der Krankheit Aids („Vollbild") gleichzusetzen. Bis zum Ausbruch des Vollbild-Aids kann es zehn oder mehr Jahre dauern.
Man beschreibt den weiteren Verlauf in vier Phasen: In der Latenzphase gibt es keine Krankheitserscheinungen, mit einem Test sind jedoch Antikörper nachweisbar; der Betroffene ist potenziell ansteckend.
In der zweiten Phase nach der Infektion kommt es zum LAS-Syndrom (Lymphadenopathie-Syndrom) mit Lymphknotenschwellungen, Fieber oder Fieberschüben. Es folgt die Phase mit dem ARC-Syndrom (**A**ids **r**elated **c**omplex), gekennzeichnet durch das Auftreten von Nachtschweiß, mehr als 10 % unabsichtlichen Gewichtsverlust, Leistungsabfall, Müdigkeit, Durchfällen oder Hautausschlägen.
Die insgesamt fünfte Phase der HI-Virusinfektion ist die, die eigentlich als Aids bezeichnet wird: wiederkehrende Infekte mit opportunistischen Erregern (die das Abwehrsystem von Menschen ohne Aids regelmäßig bewältigt), Kaposi-Sarkom, Tumore des Lymphsystems, Netzhauterkrankungen, neurologische Ausfälle.
Eine besondere Gefährlichkeit von Aids liegt darin, dass die meisten Menschen mit HIV über viele Jahre beschwerdefrei bleiben. Die Infektion wirkt sich in dieser Zeit nicht spürbar aus und ist den infizierten Menschen nicht anzusehen. Ganz wichtig ist aber, dass mit der Ausbreitung des Virus im Körper diese Menschen andere anstecken können, und zwar schon bevor Antikörper im HIV-Test nachweisbar sind. Auch dann, wenn das Virus aufgrund einer Behandlung mit Medikamenten nicht

mehr im Blut nachweisbar sein sollte, ist eine Übertragung auf andere möglich.

Aufgabe: Informiert euch über Aids und seine Vermeidung mit Hilfe der Internet-Tipps auf S. 158 f., sucht besonders nach Angeboten für Jugendliche.

3 Thema Drogen: „Auf E sein“

3.1 Keine Macht den Drogen!

Ein Glas Rotwein vor der Autofahrt, Ecstasy im *Planetarium*, Joints in der Wüste: Der Konsum von Drogen wird im Roman als recht harmlos geschildert. Dabei ist es schon unwahrscheinlich, dass Wolf am Tag nach der Party im *Planetarium* derart aktiv und fit ist.
Doch Drogen sind nicht nur durch ihre unmittelbare Wirkung gefährlich. Sie verhindern oft indirekt – natürlich unterschiedlich heftig – den Schutz vor einer HIV-Infektion: Wer „blau“ oder „breit“ ist, wird oft leichtsinnig oder hat schlicht die Technik, mit einem Kondom umzugehen, nicht mehr im Griff.
So war es auch bei Steve und Rob in „Siebter Himmel – freier Fall“: „Steve hatte sich bei diesem Rob infiziert. Die bestandenen Prüfungen, sie hatten gefeiert und waren betrunken gewesen. Dabei war es passiert. Einfach so.“ (S. 122)

3.2 Ende der Party

Der Auszug aus dem Roman „Relax“ bildet einen scharfen Kontrast zur Darstellung des Suchtmittelgebrauchs in „Siebter Himmel – freier Fall“. „Relax“ erzählt, was mit Chris nach der Einnahme eines wilden Drogen-Mixes geschieht.

Alexa Hennig von Lange: Relax ***(Auszug)***
„Jungs, ich geh jetzt tanzen!“
„Biste sicher?“
„Warum nich?“
„Du bist doch komplett zu!“
„Kann ich doch trotzdem tanzen, oder nich?“

„Wenn de meinst!“
Klar. Tanzen geht immer. Ich gehe jetzt tanzen. Im Nebel tanzen, ich tanze jetzt im Nebel. Ist doch nett. Ich tanze jetzt. Mit 1000 Leuten tanzen. Heute wird gefeiert und getanzt. Tanzen, tanzen, tanzen. Schwitzen, schwitzen, schwitzen. Mann, ist mir heiß. Ich ziehe mal meine Jacke aus. Zahnpasta auf der Jacke. Ich schenke meiner Kleinen eine Zahnpastatube. Ist alles das gleiche Zeug. Zahnpasta ist Zahnpasta und ich tanze jetzt. Ich lasse meine Jacke fallen. Da ist Zahnpasta drauf. Kannst du dir 1000mal mit die Zähne putzen. Ich putze mir nachher die Zähne und meiner Kleinen schenke ich Zahnpasta. Das ist alles das gleiche Zeug und ich tanze jetzt und dann trinke ich Bier. Ich trinke jetzt Bier.
„Jungs, wo is'n mein Bier?“
„Hier!“
„Prost!“
„Wo is'n deine Jacke?“
„Da is Zahnpasta drauf!“
„Was hast'n mit deiner Jacke gemacht?“
„Ausgezogen!“
„Wo denn?“
„Weiß nich!“
„Wo hast'n die hingelegt?“
„In die Zahnpasta!“
Weiß ich doch nicht, wo meine Jacke ist. Ist doch egal, da ist Zahnpasta drauf. Eine Tube Zahnpasta, alles voller Zahnpasta. Alles weiß, alles voller Zahnpasta. Die ganze Jacke voller Zahnpasta. Ich trinke jetzt Bier.
„Prost!“
„Prost!“
Ich glaube, ich setze mich mal hin. Ich muss mich mal hinsetzen. Mir ist das alles grade ein bisschen unruhig. Ich muss mich mal hinsetzen. Wo kann ich mich denn hier hinsetzen? Ich will mich hinsetzen.
„Ich will mich hinsetzen!“
„Alles klar, Chris?“

„Ich will mich hinsetzen!“
„Warte!“
„Ich muss mich hinsetzen!“
„Hier is’n Stuhl!“
„Ich muss ma sitzen!“
„Is alles okay mit dir, Chris?“
„Klar!“
Ich muss nur mal sitzen. Sitzen ist gut. Meine Beine tun weh. Die hampeln rum. Die zappeln und hampeln rum. Meine Beine tun weh, die hampeln rum. Die schlagen sich immer übereinander. Meine Beine. Von einer Seite auf die andere. Meine Beine tun weh und hampeln rum.
„Meine Beine tun weh!“
„Dann bleib sitzen!“
„Meine Beine tun weh!“
„Das geht gleich wieder!“
„Die hampeln rum!“
„Versuch ruhig zu bleiben!“
„Geht nich! Die hampeln rum!“
Die hampeln rum. Die machen einfach nicht das, was ich will. Die schlagen sich immer übereinander. Von einer Seite auf die andere. Die hampeln rum und tun weh. Ich will das nicht. Das nervt. Meine Beine hampeln rum. Ich trinke Bier und meine Beine hampeln rum, von einer Seite auf die andere. Ich will noch ein Bier.
„Noch ’n Bier!“
„Sitz ma still, Chris!“
„Noch ’n Bier!“
„Chris, du trittst mich andauernd!“
„Bestellst du mir noch ’n Bier?“
„Dann hör auf rumzuhampeln!“
„Ich geh jetzt tanzen!“
Ich tanze jetzt. Meine Beine wollen tanzen. Hampeln und tanzen. Alle tanzen, ich tanze jetzt auch. Auf der Tanzfläche tanzen die Leute und ich tanze auf die Tanzfläche zum Tanzen.

Die Leute sollen mich durchlassen. Ich will zur Tanzfläche tanzen.
„Ich will tanzen!"
„Aua!"
„Ich will tanzen!"
„Arschloch!"
Tanzen, Nebel, bunte Lichter, Musik. Tanzen. Augen zu und tanzen. Rhythmus hören und tanzen, zum Rhythmus tanzen, Augen zu. Arme bewegen, Beine bewegen, fließen, tanzen, Augen auf. Leute auf der Tanzfläche, die Leute tanzen, ich tanze, Augen zu. Mir ist schwindlig. Mir ist so schwindlig. Ich habe Angst. Mir ist so schwindlig. Du darfst keine Angst haben. Du musst dich drauf einlassen. Mir ist schwindlig. Ich habe Angst. Lass dich drauf ein. Es ist so dunkel. Ich habe Angst. Ich kann nicht mehr tanzen. Mir ist so schwindlig. Es ist so dunkel. Ich habe Angst. Lass dich drauf ein. Alles wird gut. Warum ist mir so schwindlig? Es ist alles so dunkel. Ich muss hier raus. Ich will raus. Lasst mich raus. Wo sind die Jungs? Lenny tanzt. Lenny, wo ist meine Kleine? Mir ist schwindlig. Ich habe Angst. Ich muss raus. Mir ist schlecht. Meine Beine, meine Beine, meine Beine. Die wollen nicht. Ich will raus, Lenny, Lenny, ich habe Angst.
„Lenny ...!"
„Was'n los?"
„Lenny ...!"
„Alter, alles klar mit dir?"
„Lenny ...!"
„Hey, was is los?"
„Mir is schlecht!"
„Kein Wunder!"
„Ich muss raus!"
„Scheiße!"
Scheiße, Scheiße, Scheiße. Meine Beine, meine Beine, meine Beine sind weg. Ich kann nicht laufen. Was ist bloß los? Ich will raus, ich habe Angst, meine Beine sind weg. Lenny muss mich

tragen. Ich kann nicht mehr. Ich habe Angst. Lass dich drauf ein. Lenny muss mich tragen. Meine Beine.
„Meine Beine!“
„Was is mit deinen Beinen?“
„Meine Beine!“
„Los, Chris! Nich schlappmachen!“
„Ich kann nich mehr!“
„Wir sind gleich draußen!“
„Ich kann nich mehr!“
„Los, Chris!“
Ich kann nicht mehr. Ich lasse mich fallen. Ich habe keine Angst. Das geht vorbei. Morgen ist alles wieder vorbei. Morgen. Morgen lachen die Jungs und ich wieder drüber, original, oder? Ich lasse mich fallen. Ich lasse mich fallen. Ich kann nicht mehr.
„Lass mich, Lenny!“
„Steh auf Chris!“
„Nein!“
„Los! Raus hier! Du musst an die Luft!“
„Trag mich!“
„Scheiße!“
„Ich versuch’s!“
Ich muss aufstehen. Ich versuche es. Ich muss raus. An die Luft. Mir ist schlecht. Ich kann nicht. Ich kann nicht. Ich kann nicht. Mir ist schlecht. Lenny. Meine Beine. Ich kann nicht mehr. Lenny. Die Tür. Da ist die Tür. Ich kann nicht mehr. Wohin will Lenny denn mit mir? Ich muss hier raus.
„Ich muss raus!“
„Wir sind gleich beim Parkplatz!“
„Park ...?“
„Dann kannste dich ins Auto setzen!“
Ich kann nicht mehr. Der Himmel ist unter mir. Ich kann ihn fühlen. Ich kann ihn sehen. Der Himmel. Meine Beine. Der Himmel ist so blau, mit kleinen Wolken. Meine Kleine. Lenny. Euer Rockstar sieht den Himmel. Meine Beine, meine Beine, meine Beine sind weg. Da ist ja meine Kleine.

„Zahnpasta!"
„Lenny, was is mit Chris?"
„Der hat zu viel gefeiert!"
„Was is'n mit Chris?"
„Ich weiß nich!"
Meine Kleine. Der Himmel ist blau. Meine Kleine. Meine Kleine ist da. Ich habe Zahnpasta für dich, meine Kleine. Ich habe Zahnpasta. Ich habe Zahnpasta, ich habe Angst. Meine Kleine ist da.
Ich sehe in den Himmel, er ist ganz nah. Da ist der Mond und meine Kleine ist da. Leg dich neben mich, meine Kleine. Ich habe Zahnpasta für dich.
„Wir müssen ihn ins Krankenhaus bringen!"
„Meinst du?"
„Chris kann nich auf'm Parkplatz liegen bleiben!"
„Wir könn ihn ja ins Auto tragen!"
„Chris, hier is deine Kleine!"
„...!"
„Chris, hörst du mich?"
„...!"
Meine Kleine, streicht mir das Haar aus meiner Stirn. Von vorne nach hinten. Meine Kleine. Meine Kleine. Ich habe Angst, meine Kleine.
„Chris! Rede mit mir!"
„...!"

4 Thema Gefühle: Liebe, Angst, Trauer, Schmerz

4.1 Wenn der HIV-Test positiv ist ... was tun?

Eine HIV-Infektion verändert das Leben grundlegend. Doch die Chancen auf eine längere Zeit ohne Krankheitssymptome haben sich in den letzten Jahren deutlich gebessert. Voraussetzung: Sie leben gesundheitsbewusst, Sie lassen sich regelmäßig medizinisch betreuen und Sie halten sich an den Rat Ihres Arztes. HIV-positiv sein heißt, lebenslang für andere Menschen ansteckend zu sein. Im Blut und in anderen zellreichen Körperflüssigkeiten wie Scheiden- oder Samenflüssigkeit befindet sich ansteckungsfähiges HIV. Auch wenn das Virus als Folge der Medikamente im Blut nicht mehr nachweisbar ist, kann eine hohe HIV-Konzentration in der Samenflüssigkeit oder im Scheidensekret nicht ausgeschlossen werden, d.h. Sie können andere anstecken!
Im eigenen Interesse ist es sinnvoll, alle behandelnden Ärzte über die HIV-Infektion zu informieren. Dadurch können wichtige Entscheidungen für Diagnose und Behandlung getroffen werden. Sie sollten Ihre Sexualpartnerinnen und -partner über die Infektion informieren. Die konsequente Benutzung von Kondomen bei Sexualkontakten ist unbedingt notwendig. [...]
Wie die Mitteilung Ihrer Infektion auf Ihre Familie, Lebenspartner, Freunde oder Bekannte wirkt, kann kaum vorausgesagt werden. Deshalb sollten Sie bereits vorher die Unterstützung von erfahrenen Beraterinnen und Beratern oder auch von Selbsthilfegruppen nutzen. Um die Probleme, die sich ergeben können, besser bewältigen zu können. Wenn Sie mehr wissen wollen: Bei der Bundeszentrale für gesundheitliche Aufklärung erhalten Sie die Broschüre „Leben mit HIV – wenn der HIV-Test positiv ist“ kostenlos.

4.2 „Shandy oder das Leben?“ Ein Brief nach Amerika

Wolf erlebt vom ersten Schock, nachdem er die Nachricht bekommen hat, er könnte sich mit HIV angesteckt haben, bis zu seinem Abflug in die USA verschiedene Phasen mit stark wechselnden Gefühlen. Einmal heißt es sogar: „Jetzt hasse ich sie!“ (S. 56).

Aufgabe: Lest noch einmal die komplette Passage und versucht euch in Wolf hineinzuversetzen. Verfasst dann einen Brief an Shandy, in dem Wolf ihr seine gegenwärtigen Gefühle ausdrückt.

4.3 Briefe an einen toten Freund

In dem Roman „Poti“ erinnert sich Sofie an ihren Freund Poti; ein Jahr nach seinem Tod beginnt sie ihm Briefe zu schreiben. Sie hatte sich in Poti verliebt, doch der liebt Adrian. Dennoch freundet er sich mit Sofie an. Adrian hat Poti mit Aids infiziert und während der Partner bislang „nur“ HIV-positiv ist, ist Poti bereits krank, als Sofie ihn kennen lernt. Nach und nach versteht sie, dass Poti homosexuell ist, dass er Aids hat und dass er bald sterben wird.

Elin Brodin: Lieber Poti ... ***(Auszüge)***

Und ich fragte mich, was du sagen würdest, wenn ich versuchte dich zu küssen. Ich hatte oft gedacht, ich würde es versuchen, wo du es doch nicht machtest. Und manchmal war ich wirklich kurz davor gewesen, wenn du müde warst und hilflos aussahst. Nur dann. Sonst hätte ich es nie im Leben gewagt.

Das Seltsame war, dass ich es doch versuchte – dass es gerade jetzt passierte, als du arbeitetest und allmächtig aussahst.

Ich glaube, es lag an deinem Nacken mit dem goldenen Flaum, dass ich es nicht lassen konnte. Ich sagte mir mehrmals, dass ich

mich jetzt nicht traute dich zu küssen, aber am Ende habe ich es dann doch versucht.
Ich legte die Hand auf deinen Nacken und streichelte ihn vorsichtig, streichelte ihn wie damals, als ich das erste Mal bei euch war. Und du drehtest dich zu mir um – mit einem Gesicht, als ob du fragen wolltest, was in aller Welt das denn nun wieder sollte.
Ich küsste dich kurz auf die Wange und du bliebst einfach mit erhobener Hand stehen. Sie hielt eine Glasscherbe und die sah aus wie ein blauer Edelstein, ein Saphir.
Dann versuchte ich dich richtig zu küssen, aber du wichst aus.
Ich war entsetzlich verletzt. Ich wusste nicht so recht, was ich erwartet hatte, aber ich war verletzt.
Eine Weile drehtest du mir den Rücken zu, starrtest die Wand an und hattest die Arme vor der Brust verschränkt. Du sagtest nichts und ich sagte auch nichts. Ich hätte gern gewusst, was du dachtest.
Dann drehtest du dich wieder zu mir um und lächeltest ein schiefes kleines Lächeln. Deine Augenlider waren schwer, als ob du lange nicht geschlafen hättest, und das Kajal zerfloss ein wenig auf deiner hellen, fast durchsichtigen Haut. Du sahst aus wie ein schönes Gespenst.
Und du sagtest: „Ich weiß, dass ich manchmal schwierig bin. Ich weiß, dass ich leicht hochgehe. Meine Laune sitzt auf einer verdammten Wippe."
Ich gab keine Antwort und du fuhrst fort: „Du darfst das nicht persönlich nehmen."
Jetzt schienst du dich entschuldigen zu wollen und das gab mir neuen Mut. Denn du redetest nicht oft so – so manisch selbstständig, wie du warst, mein Poti.
Also ging ich zu dir und umarmte dich.
Du bliebst stehen, ohne zu protestieren. Ich versuchte noch einmal dich zu küssen, das wollte ich doch schon so lange, und ich war sicher, dass ich nie mehr einen neuen Kuss wagen würde, wenn es diesmal völlig danebenging; ich konnte nicht so

schnell aufgeben. Und jetzt hattest du mich ja so angelächelt, dass ich nicht glauben könnte, du fändest mich direkt abstoßend. Ich musste es versuchen. Ich hatte ein atemloses Flammengefühl in der Brust. Ich sah, dass deine Schultern sich so graziös bewegten wie beschnittene Flügel.
Da fasstest du meine Hände und schobst mich ein Stück von dir weg. Nicht weit. Aber genug.
Du warst nicht stark, kein bisschen. Wir waren ungefähr gleich groß. Und ich bemerkte, wie dünn deine Handgelenke waren. Ein Metallarmband hatte an einem schwache grüne Streifen hinterlassen.
„Sei doch nicht so intensiv, Sofie“, sagtest du.
Ich musste mich setzen. Ich trat ein paar Schritt zurück und setzte mich in den Flohmarktsessel mit der Häkeldecke.
Ich wollte doch gerne deine Freundin sein. Sehr gern. Das war das Wichtigste.
Aber trotzdem tat es weh, dass ich dich nicht auch küssen durfte, dass das nicht dazugehören sollte.
Dass du mich so öde fandest.
Oder so abstoßend.
Ich saß da und versuchte mich zusammenzunehmen, mich zu beruhigen. Ich versuchte mir einzureden, dass das auch keine Katastrophe war, nichts, was ich mir so zu Herzen zu nehmen brauchte.
Du hattest aufgehört zu arbeiten. Jetzt ließt du dich offenbar doch stören. Du setztest dich auf den Boden, lehntest den Kopf an die Wand und hattest halb geschlossene Lider. Deine Wimpern waren an der Wurzel dunkel und weit außen heller, wie Asche und Gold. Deine Hände lagen auf deinen Knien und du sahst aus wie ein echter Zigeuner, einer, der Möbel nicht ausstehen kann.
„Das verstehst du doch wohl?“, fragtest du.
Ich gab keine Antwort.
Was sollte ich denn hier verstehen?
Und da ich keine Antwort gab, standest du nach einer Weile auf

und kamst zu mir, stelltest dich neben den Sessel und legtest mir die Hand auf den Kopf, bewegtest sie behutsam.
Ich kniff die Augen wieder zusammen. Ich wollte nicht weinen; es wäre entsetzlich, wenn ich jetzt weinen müsste. Aber weil deine Hand auf meinem Kopf lag, schien sich der Boden plötzlich unter meinen Füßen zu bewegen, schien sich die ganze Welt plötzlich zu bewegen, aus der Bahn geworfen zu werden.
Ich riss die Augen auf.
Und ich spürte, dass du jetzt eine Reaktion von mir erwartetest.
Also fragte ich: „Aber was fehlt dir denn eigentlich?"
Ich wusste ja, dass du oft ziemlich schlecht in Form warst, dass du dich oft ausruhen musstest. Aber normalerweise schienst du nicht darüber reden zu wollen, und deshalb hatte ich versucht mir nichts anmerken zu lassen. Ich dachte, es hätte irgendwas mit Drogen zu tun.
Ich wäre nie auf die Idee gekommen, dass es ansteckend sein könnte.
Du nahmst die Hand von meinem Kopf. Einige Sekunden lang war alles ganz, ganz still.
Dann sagtest du: „Himmel – ich dachte, wenigstens das hättest du gerafft."
Und du sahst total erschrocken aus. Du gingst ein paar Schritte zurück, als ob du Angst hättest, noch einmal in meine Nähe zu kommen, mich auch nur mit den Fingerspitzen zu streifen.
Ich konnte dich nicht ansehen. Es tat zu weh – und es wäre auch nicht höflich gewesen, dich jetzt anzusehen.
Stattdessen sah ich den Fußboden an. Den Boden, der sich bewegt hatte.
„Ich dachte, du wüsstest das, Sofie", sagtest du noch einmal. „Ich dachte, du wüsstest es und wolltest trotzdem mit mir zusammensein."
Die Sonne verschwand, und meine Hände sahen grau aus.
Ich fuhr so plötzlich hoch, dass mein Stuhl rückwärts umkippte, aber ich hatte einfach keine Zeit, mir ungeschickt vorzukommen. „Aber Poti – das will ich doch auch!", sagte ich.

Du hieltest dir die Hände vor die Brust, als ob du dich gegen irgendjemanden wehren wolltest. Du sahst aus wie eine von deinen Säulen, genauso ängstlich wie sie.
Du sagtest: „Ich habe Aids, verstehst du."
Ich nickte.
Und für einen Moment war ich fast erleichtert.
Erst später ging mir auf, das bedeutete: Du musstest sterben.

Potis Zustand verschlechtert sich zunehmend. Sofie und Adrian begleiten ihn während der letzten Zeit im Krankenhaus.

Ich wurde vom Telefon geweckt. Meine Eltern waren schon zur Arbeit gegangen und ich nahm ab.
Es war Adrian.
„Es ist vorbei", sagte er.
Ich nahm ein Taxi zum Krankenhaus. Es ging mir zu langsam und mir tat jedes Mal der Magen weh, wenn wir vor einer roten Ampel anhalten mussten. Ich weiß nicht, warum; jetzt bestand doch kein Grund mehr zur Eile.
Durch die Wagenfenster sah ich, dass es ein schöner Frühlingsmorgen war. Der 3. Mai. Es regnete nicht mehr. Die Sonne brachte den nassen Asphalt zum Glitzern.
Vor dem Krankenhaus kaufte ich eine Rose. Eine weiße Rose. Denn mir fiel plötzlich ein, was ich irgendwo gelesen hatte: dass in Indien Weiß die Trauerfarbe ist. Das ist nicht so seltsam; Weiß ist keine wirkliche Farbe, sondern nur ein Mangel an Farbe, genau wie Schwarz. Das absolute Licht und die absolute Finsternis – kein Zwischending, keine Gnade.
Ich konnte einfach nicht direkt in dein Zimmer gehen. Ich klopfte zuerst am Stationszimmer an. Irene war da. Sie sagte: „Geh ruhig rein, Sofie, Adrian und Geir sind drinnen."
Das tat ich auch. Aber ich hatte Angst.
Adrian saß auf der Fensterbank. Er sah aus wie ein entflohener Sträfling, der versucht sich hinter den Vorhängen zu verstecken. Er trug ein schwarzes T-Shirt und schien zu frieren.

Geir machte sich an einem Teewagen zu schaffen. Er bewegte sich so vorsichtig, dass fast nichts zu hören war.
Und du lagst immer noch in deinem Bett. Du lagst auf dem Rücken und hattest die Arme an die Seiten gedrückt. Du hattest keine Decke über dir, nur ein dünnes weißes Laken. Deine Haare waren aus der Stirn gestrichen und nicht mehr schweißnass. Deine Augen waren geschlossen, dein Gesicht ausdruckslos.
Ich legte die Rose neben dir auf das Kissen, und du und die Rose und das Kissen, ihr wart gleich weiß. Wie das absolute Licht, die Farbe der Trauer, das Sternenlicht, das sich nie verändert.
Ich streichelte deine Wange. Deine Haut war kühl, aber nicht feucht. Ich hatte sie mir feucht vorgestellt. Sie war trocken und kühl. Alles war ganz anders, als ich mir das vorgestellt hatte.
Und dort, wo dein Herz geschlagen hatte, wo sich deine Lunge gehoben und gesenkt hatte, war nichts. Alles war still.
Die Stille machte mir keine Angst. Ich wollte den Blick nicht abwenden. Ich wollte dich lieber ansehen. Denn du warst es immer noch, Poti. Das hätte ich auch nicht erwartet.
Dann hörte ich Geir etwas sagen. „Möchtest du etwas?“, fragte er. Mir ging auf, dass er mit Adrian sprach. Und er schien die Frage schon mehrmals gestellt zu haben.
Adrian schüttelte den Kopf. Er sah ängstlich aus. Nicht traurig. Ängstlich.
Ich ging zu ihm. „Schön, dass du angerufen hast.“
Adrian weinte. Er sagte: „Sprich mit mir!“
Geir brachte ein Glas Wasser und eine Tablette. „Jetzt frag ich dich einfach nicht mehr“, sagte er.
Adrian schluckte die Tablette und ließ das Glas auf den Boden fallen. Es zerbrach. „Ach, mein Junge“, sagte Adrian.
Er starrte seine Hände an und sah aus, als ob er einen Alptraum hätte.
„Du solltest nicht gegen dich selber kämpfen“, sagte Geir zu ihm.
Adrian drehte sich weg.

Ich merkte, dass ich gleich in Ohnmacht fallen würde, und sah Geir an. Er fing mich auf und hielt mich immer noch fest, als ich nach einigen Augenblicken weißer Finsternis wieder erwachte. Ich sah in sein Gesicht. Er war ein bisschen blass, aber er lächelte. Dann ließ er mich los und ich setzte mich.

„Kannst du meine Hand halten?“, fragte Adrian Geir plötzlich.

„Wart´s nur ab!“, antwortete Geir, ging zu ihm, setzte sich neben ihn auf die Fensterbank und legte die Arme um ihn.

Adrian schloss die Augen. Er zitterte. „Was soll ich machen?“, fragte er. „Was soll ich jetzt machen, Geir?“

„Schlafen“, antwortete Geir. „Ich geb dir gleich was dafür. Und später reden wir miteinander.“

„Er hat ... meinen Namen gesagt“, murmelte Adrian. „Ich meine, das war das Letzte, was er gesagt hat. Meine Antwort hat er nicht mehr gehört.“

„Das weiß ich“, sagte Geir. „Ich war doch dabei – weißt du das noch?“

Adrian öffnete die Augen. Dann nickte er langsam. „Ja“, sagte er. „Ja, du warst da ...“

Ich begriff, dass Adrian jetzt erleichtert war bei dem Gedanken, dass er trotz allem nicht der Einzige war, der dich sterben gesehen hatte, dass er diese Erinnerung mit jemandem teilen konnte. Dass der Tod – sogar dein Tod – etwas Begreifliches war, etwas im Grunde Normales.

5 Erzähltechnik

5.1 Menschen in Wolfs Leben

In Wolfs Leben spielen viele Menschen eine Rolle. Zeichnet die Grafik ab und ordnet die im Roman vorkommenden Personen den Gruppen zu.

Wer ist besonders wichtig für Wolf, wer weniger? Markiert die Namen dieser Personen mit verschiedenen Farben.

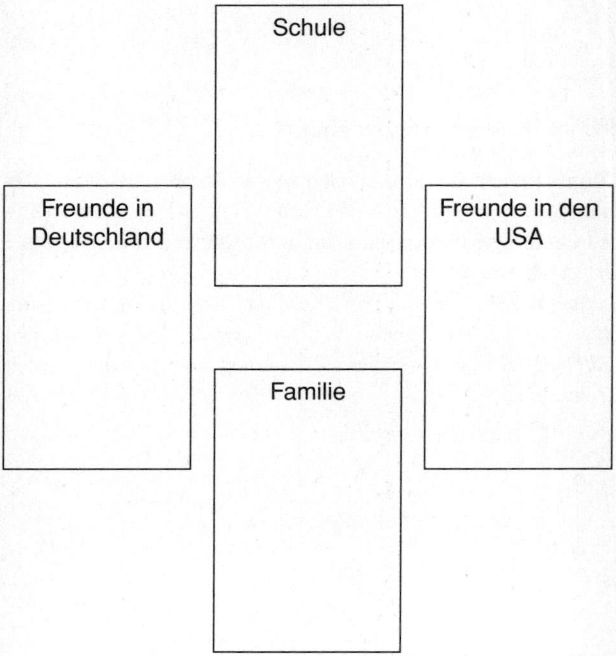

5.2 Erzählebenen

Der Roman erzählt die Vorgeschichte von Wolfs „freiem Fall“ in Rückblenden, während im Vordergrund die Ereignisse seit dem Eintreffen von Shandys Brief geschildert werden. Vergewissert euch mit Hilfe der folgenden Aufgaben über die erzählten Inhalte und die Art ihrer Darstellung. So könnt ihr euch klarmachen, welche Wirkung der Wechsel von der Unmittelbarkeit der Wochenend-Passagen zur Distanziertheit der USA-Episoden haben kann. Wie geht die Autorin vor, wenn sie den Übergang von der Gegenwart in die Vergangenheit (und umgekehrt) darstellt?

Siebter Himmel: Rückblenden

Vergewissert euch mit Hilfe eines Zeitstrahls über die wichtigsten Ereignisse in zeitlicher Reihenfolge. Übertragt die Grafik auf ein großes Blatt und ergänzt die wichtigsten Ereignisse.

...
erster Abflug in die USA
...
...
Brief von Shandy
...
...
zweiter Abflug in die USA
...

Freier Fall: Das Wochenende

Was geschah in den drei Tagen der aktuellen Erzählebene? Legt eine Übersicht über die einzelnen Ereignisse an und versucht für jedes einen Ausdruck zu finden, der Wolfs Gefühle beschreibt. Nehmt das folgende Schema als Muster.

Freitag	
Ergebnisse	*Gefühle*
Wolf liest den Brief	Erschrecken, Angst

Samstag	
Ereignisse	*Gefühle*
Aufwachen mit Filmriss	

Sonntag	
Ereignisse	*Gefühle*

6 Über die Autorin

Die in Polen geborene Autorin Helene Kynast wuchs im Sauerland auf. Sie hat an vielen Orten in verschiedenen Ländern Unterschiedliches gearbeitet – unter anderem im kaufmännischen Bereich und als Arzthelferin, sie hat auf einer Farm gelebt und Germanistik und Philosophie studiert, ehe sie für ihren ersten Roman „Alles Bolero" den Oldenburger Jugendbuchpreis erhielt. Heute lebt Helene Kynast mit ihrem Mann in Bremen.

7 Internet-Tipps und Literaturhinweise

http://www.sicher-verliebt.de

http://www.sicher-verliebt.de: Hier informieren Medizinstudentinnen und -studenten Jugendliche über Aids, Ansteckungsmöglichkeiten und Schutz vor Übertragung.
http://www.loveline.de: Mit Chat, Frage der Woche, Liebes-Lexikon und weiteren Hinweisen – ein Angebot der „Bundeszentrale für gesundheitliche Aufklärung".
http://www.gib-aids-keine-chance.de: Ebenfalls von der „Bundeszentrale für gesundheitliche Aufklärung".

http://www.gifte.de/ecstasy.htm: Hier werden die Wirkungen verschiedener Drogen dargestellt und ihre gefährlichen Symptome geschildert. Für den Tipp hier ist die Sparte „Ecstasy" ausgewählt. Gedacht sind die Informationen eigentlich für Leute, die zu medizinischen Notfällen gerufen werden, etwa Rettungssanitäter. Das Vokabular ist daher recht schwierig; doch das Wichtigste versteht man trotzdem.
http://www.xtc-think.de: Wer einen unkomplizierteren Zugang zum Thema Drogen wählen möchte, ist mit dieser Adresse gut bedient. Sie ist eigens für Jugendliche eingerichtet und informiert über Ecstasy-Konsum.

Hennig von Lange, Alexa: Relax. Roman. Rogner & Bernhard bei Zweitausendeins, Hamburg 1998. Erste Auflage 1997
Brodin, Elin: Lieber Poti ... Deutsch von Gabriele Haefs. Sauerländer, Aarau 1993. Original-Ausgabe 1989.
Aids von A–Z. Online-Broschüre der „Bundeszentrale für gesundheitliche Aufklärung"

Aufgabe: Sucht über Suchmaschinen im Internet nach Besprechungen und Bewertungen von „Siebter Himmel – freier Fall" und von „Alles Bolero" oder anderen Jugendromanen der Autorin. Vergleicht die Aussagen mit eurer eigenen Bewertung von „Siebter Himmel". Würdet ihr der Darstellung von Wolfs Geschichte auch einen Preis verleihen?

Text- und Bildquellenverzeichnis

S. 137: AIDS-Statistik. http://www.aidshilfe.de/dah/aktuelles/termine/weltaidstag/statistik (August 2002)

S. 140 ff.: Textauszug aus: Alexa Hennig von Lange: Relax. Rogner & Bernhard, Hamburg 1997, S. 125–130

S. 146: Wenn der HIV-Test positiv ist ... was tun? Aus: Aids von A–Z. Online-Broschüre der „Bundeszentrale für gesundheitliche Aufklärung“

S. 147 ff.: Textauszüge aus: Elin Brodin: Lieber Poti ... Deutsch von Gabriele Haefs. © der norwegischen Originalausgabe: H. Aschehoug & Co., Oslo 1989. © der deutschen Ausgabe: Verlag Sauerländer, Aarau 1993, S. 28–32 und 130–132

S. 157: Foto: © Hervé Maillet foto design, Bremen

S. 158: Illustration: http://www.sicher-verliebt.de (August 2002)